Kurt Tepperwein

ENDLICH ICH ENDLICH HAPPY

SILBERSCHNUR VERLAG

ISBN 978-3-96933-090-6

1. Auflage 2024

Umschlaggestaltung & Satz: XPresentation, Güllesheim; unter Verwendung eines Motivs von © wacomka, © www.shutterstock.com
Druck: PB Tisk, a.s. Czech Republic

Verlag »Die Silberschnur« GmbH · Steinstraße 1 · D-56593 Güllesheim
www.silberschnur.de · E-Mail: info@silberschnur.de

INHALT

EINLEITUNG

Das Leben ist ein Wunder, ein Wunderwerk an Energien und Geschöpfen. In diesem Buch nähern wir uns gezielt den einleuchtenden Antworten auf große Fragen, die sich viele Menschen stellen. Einsichten, die durch Fragen an sich selbst gewonnen werden können, runden dieses Gesamtwerk ab und im besten Fall nehmen wir unsere neuen Erkenntnisse mit in unseren Alltag. Für mehr Leichtigkeit und Frohsinn müssen wir hinter die Fassade schauen und Verantwortung für unsere große Lebensaufgabe, die Bewusstwerdung, übernehmen und uns der Selbsterforschung stellen.

Zu entdecken, wer wir wirklich sind, ist eine spannende Aufgabe, vor die uns das Leben stellt. Es ist eine Einladung, die jeder erhält, die aber nicht alle hören können. Das nötige Werkzeug wurde uns mit auf den Weg gegeben und es gibt keinen Menschen, der dazu nicht in der Lage wäre, zu sich selbst zu erwachen. Jeden Moment über achtsam zu sein und ihn bewusst zu erleben, ist eine Kunst, die nicht immer ganz einfach, aber möglich ist. Es liegt an uns, uns darum zu bemühen. Spiritualität und ein bewusstes Dasein sind nichts, was erlernt werden kann, es muss nur wieder in Erinnerung gerufen werden. Ist diese Erinnerung erst wieder erwacht, können wir sie festigen und uns stetig unseren inneren Werten öffnen und sie ins Leben miteinfließen lassen.

Das Leben ist eine spannende Reise. Jeder Tag wartet mit neuen Herausforderungen auf und es gibt keine Situation, der wir nicht gewachsen sind. Jede Aufgabe macht Sinn und ist maßgeschneidert. Keine Situation ist nutzlos, dies sollten wir bedenken. Das alles seine Richtigkeit hat, bezeugen wir, wenn wir dem Leben bejahend und wohlwollend gegenüberstehen. Das Ego hat seine eigenen Vorstellungen und es kann ganz schön rücksichtslos, fordernd und hartnäckig sein. Doch jeder entscheidet für sich, ob er sich immer durchsetzen muss oder den Weg des Herzens geht. Wenn wir uns für diesen entscheiden und ihn beschreiten, werden wir eine Möglichkeit finden, uns über das Ego zu stellen und seine Kräfte nach und nach abebben und ausklingen zu lassen. Wie sagt man so schön: Sei biegsam wie der Bambus und doch unbeugsam!

Dass das Ego, dieses kleine Ich, für Probleme verantwortlich ist, wissen die meisten Menschen. Demnach ist auch klar, wo wir ansetzen müssen, um uns selbst und das Leben ins Gleichgewicht zu rücken. Mach das Ich zu deinem Freund und Verbündeten, sei dankbar für alles, was du erlebst, dich umgibt und dir zur Verfügung steht.

Lass meine Antworten auf dich wirken. Es ist ratsam, sie öfters zu lesen, damit sie immer tiefer in dich vordringen können. Scheue nicht davor zurück, die Fragen, die für dich vorgesehen sind, zu beantworten. Vielleicht kommt dir die eine oder andere dieser Fragen etwas banal und überflüssig vor. Doch du wirst sehen, dass du sie schon nach wenigen Wochen bereits ganz anders beantworten würdest. Jede Frage, die sich an dich richtet, ist wie ein Checkpoint, der dir aufzeigt, wo du stehst, was es noch zu erkennen und zu überwinden gilt.

Sollten am Ende dieses Buches noch Fragen offen sein, vertraue dich deiner inneren Führung an. Wer nach innen geht und wirklich in sich horcht, dem wird das Leben antworten. Vielleicht nicht so, wie man es erwartet, denn das Leben ist facettenreich, voller Einfälle und Ideenreichtum. Es ist der Spiegel deines Soseins. Lausche vorerst meinen Antworten und Erkenntnissen. Diese Samen werden in deinem Herzen erblühen, und wenn du sie gießt und nicht verkümmern lässt, kann dein Leben zu einem großen bunten Blumenstrauß erblühen.

UNSER WAHRES WESEN

Wer sind wir?

Eine besondere Frage, die sich kaum jemand stellt, die aber schon sehr entscheidend ist für das weitere Leben. Ein wichtiger Aspekt ist, dass das, was wir offensichtlich zu sein scheinen, infrage gestellt werden muss. Somit müssen wir uns fragen, wer wir sind. Wir haben einen Körper. Doch sind wir auch der Körper? Ist das, was wir sind, ewig? Diesen Fragen gilt es auf den Grund zu gehen. Ich stelle mir viele solcher Fragen. Nach Antworten zu suchen, ist nicht besonders hilfreich, weil Antworten sich einen Weg zu uns bahnen, den wir nicht kennen. Die großen Lebensfragen übersteigen unseren Horizont. Ihnen können wir uns nicht mithilfe des Verstandes nähern, da jede Antwort weit darüber hinausgeht. Somit stelle ich mir jegliche Sinnfragen immer ohne eine direkte Antwort zu erwarten. Ich weiß, dass sie mich ereilen wird, wenn es an der Zeit und somit vorgesehen ist. Sie kommt dann wie aus dem Nichts auf mich zu, durch unterschiedliche Umstände, Fingerzeige oder Boten. Boten sind Menschen wie du und ich. Sie lauern überall und sind ständig darauf bedacht, uns etwas mitzuteilen. Wir neigen dazu, sie zu überhören oder zu übersehen. Das liegt daran, dass wir zu unachtsam sind und auch meist davon überzeugt, dass wir ohnehin schon alles wissen. Der Hochmut des Egos steht uns sehr oft im Weg. Wir sollten lieber offen sein für Hinweise, denn sie gibt es zu Genüge. Wir sollten uns vom Zwang, etwas wissen oder erreichen zu wollen, und ebenso von Erwartungen befreien und darauf vertrauen, dass alles zur rechten Zeit kommen oder geschehen wird.

Wir erscheinen als Körper hier auf Erden und lassen den Geist, den wir nicht sehen können, völlig außer Acht. Das ist der Hauptgrund für Tumulte, Schwierigkeiten und Probleme. Wir sind dieses eine Sein, auch wenn wir in der Vielfalt erscheinen. Obwohl wir vollkommen sind, sind wir uns unserer Vollkommenheit nicht bewusst. Das heißt, wir sind eigentlich vollkommen, aber eben unbewusst vollkommen.

Was ist der Grund für unser Hiersein?

Der Hauptgrund für eine Inkarnation, also für den Besuch der Lebensschule hier auf Erden, ist, dass sich Bewusstsein bewusst werden möchte. Dazu braucht es nun mal den Spiegel der Unvollkommenheit. Wenn es keinen Grund bzw. kein Übungsfeld gäbe, könnte Unvollkommenheit ja nicht entlarvt werden. Und Unvollkommenheit kann nur durch Vollkommenheit, durch Licht, zu sich selbst, also zur Vollkommenheit, erwachen.

Und so kommt es, dass wir uns irgendwann für die Erfahrung entscheiden, von der unbewussten Vollkommenheit über die bewusste Unvollkommenheit zur bewussten Vollkommenheit zu gelangen. Ich muss die Vollkommenheit also vollkommen vergessen haben, um sie hier auf Erden Schritt für Schritt wieder zu entdecken. Es gäbe ja keinen Grund für die Inkarnation, wenn wir uns unserer Vollkommenheit bereits bewusst wären und das wahre Ich, das das große Selbst ist, das kleine Ich entlarvt wäre. Folgen wir also unserer Lebensabsicht, die nicht immer offenbar ist: der Selbsterkenntnis.

Was gäbe es über Vollkommenheit noch zu sagen, was hilfreich wäre?

Als wahre Identität sind wir in unserem unsichtbaren Zuhause ja bereits vollkommen. Wir sind also ganz bewusst in die Begrenzung einer menschlichen Existenz eingetreten, um unsere natürliche Vollkommenheit immer vollkommener zum Ausdruck zu bringen und immer neue Aspekte unserer Vollkommenheit zu erleben. Und zwar so lange, bis unser ganzes Leben ein vollkommener Ausdruck der Vollkommenheit des einen Seins ist. Das Ich, das wir uns einbilden zu sein, ist das Fahrzeug in die Vollkommenheit. Ich bin der, der hier auf der Erde die Lebensschule besucht. Ich habe schon vorher gelebt und lebe während der Schulzeit mit einem Körper. Gehe ich am Ende der Schulzeit, also am Lebensende, nach Hause, sterbe ich nicht. Ich kann nicht sterben, da ich bereits ewiges Sein bin und weiterhin sein werde. Bewusstsein zieht sich aus dem Körper zurück. Das Fahrzeug hat ausgedient, aber der Fahrer existiert weiter. Das heißt also, es stirbt niemand, es ist noch nie jemand gestorben. Wir haben nur unsere Schuluniformen ausgezogen. Wenn ich meine Schuluniform wieder anziehe, nennen wir das Geburt. Die Zeit, während der sie benutzt wird, nennen wir ein Leben. Ziehe ich am Ende der Schulzeit die Uniform aus, die nun nicht mehr gebraucht wird, nennen wir das Sterben. Am Ende eines langen Lebens bin ich um viele Erfahrungen reicher und vielleicht ein bisschen mehr in mir angekommen. So werde ich wieder und wieder erneut in eine andere Uniform schlüpfen, bis ich erkannt habe, dass ich das nicht sein kann, wofür ich mich gehalten habe. Ich bin nicht die Uniform, sondern vollkommenes Sein.

Was bringen wir mit, wenn wir geboren werden?

Es ist ja nicht unser erstes Leben, das wir jetzt leben. Wir haben schon etliche Leben hinter uns. Somit sind alle Prägungen und Neigungen etwas, das wir aus vergangenen Leben mitbringen. Das gehört zur individuellen Evolution. Alle ungelösten Hausaufgaben begleiten uns – und zwar so lange, bis wir sie gelöst haben.

Könnte man das auch Karma nennen?

Ja. Es basiert auf alten Erfahrungen, Gedanken, Handlungen und ungelösten Konflikten. Alles, was wir denken und tun, hinterlässt Spuren. Wir können es uns so vorstellen, dass alles ganz genau aufgezeichnet wird. Wie ein Bumerang kommt das, was wir aussenden, zu uns zurück. Somit ist klar, dass ein aggressives Verhalten kein märchenhaftes Leben erzeugen kann und nur ein liebevoller Mensch wohlschmeckende Früchte erntet. Wenn man ins Leben eintritt, ist man kein unbeschriebenes Blatt. Da wir nicht wissen, was früher war, sollten wir, anstatt darüber nachzudenken, uns lieber darum bemühen, in diesem Leben bewusster zu leben und achtsamer zu sein. Wer Menschlichkeit entwickelt, befindet sich auf einem guten Weg. Sie ist sogar dazu imstande, ungelöste Aufgaben zu tilgen.

Und um reifer und bewusster zu werden, haben wir einen Körper?

Irgendwann haben wir uns dazu entschieden, die Schule des Lebens zu besuchen. Da gab es weder unseren Körper noch unseren Namen noch unseren Verstand noch unsere Persönlichkeit. Vielleicht gab es noch nicht einmal unsere Eltern, als wir uns entschieden haben, hierherzukommen. Die Seele, das, was wir sind, entscheidet sich für diese Inkarnation. Und dann benötigen wir natürlich einen Körper, um als reines Bewusstsein Handlungen zu vollziehen. Energie hat ja keine Hände. Gott, Licht oder Liebe, ganz gleich wie wir es nennen, hat sozusagen unendlich viele Hände, Körper und Formen. Eine davon bist du. Alles, was uns umgibt, ist diese eine Kraft, auch wenn sie in der Vielfalt erscheint. Das, was ist, und das, was erscheint, unterscheidet sich in der Form. Das eine ist ein unsichtbarer Geist. Das andere ist ein sichtbarer Körper. Und obwohl sie unterschiedlich sind, sind sie miteinander verwoben und unteilbar eins.

Wenn ich bereits vollkommen bin in meinem wahren Wesen, warum entscheide ich mich dann dafür, in die Begrenzung eines menschlichen Seins einzutreten?

Das hat einen einzigen Grund: Zu Hause ist alles vollkommen, aber wie soll sich Vollkommenheit in der Vollkommenheit erfahren? Obwohl ich bereits vollkommen bin, weiß ich nicht, was das ist. Auch habe ich es nicht erfahren oder realisiert. Ich kann die eine Wirklichkeit nur erfahren, wenn es ein Gegenteil gibt. Es braucht also ein Erfahrungsfeld, die Welt der Dualität, wo sich die Vollkommenheit als Unvollkommenheit spiegelt. Wir benötigen den Spiegel der Unvollkommenheit, um die eigene natürliche Vollkommenheit zu erkennen.

Ich verstehe! Das ist der Grund für unser Hiersein: die Vergessenheit!

Genau. Deswegen sind wir hier, um von der unbewussten Vollkommenheit über die bewusste Unvollkommenheit zur bewussten Vollkommenheit zu kommen. Das heißt, wir müssen uns vergessen, da dies Unvollkommenheit darstellt, die wir benötigen, um unseren Ursprung wiederzuentdecken. Wären wir bereits vollkommen, bräuchten wir ja keinen Körper mehr. Oder um es mit etwas Humor auszudrücken: Wir würden hier ankommen und sagen: »Was mache ich hier? Ich bin vollkommen. Es gibt nichts zu tun!« Und schon wären wir wieder weg (lacht).

Ich muss also meine natürliche Vollkommenheit vergessen, um sie Schritt für Schritt wieder zu entdecken, in Besitz zu nehmen und sie zu erfahren?

Das ist der Grund, warum wir hier sind: unsere unbewusste oder bewusste Lebensabsicht zu erfüllen.

Wie werde ich vollkommen? Kann man diese Frage so stellen, wenn man es eigentlich schon ist?

Vollkommenheit ist unser wahres Wesen. Wir müssen nicht erst vollkommen werden, sondern uns nur an die Wirklichkeit unseres wahren Seins erinnern. Das ganze Universum ist eine Bühne für die Erfahrungen eines Vollkommenen, der sich der eigenen natürlichen Vollkommenheit nicht bewusst ist. Das ganze Universum ist ihr Spiegel, in dem es immer wieder neue Aspekte der eigenen natürlichen Vollkommenheit zu entdecken gilt. Wir können ja jederzeit voll bewusst im Leben stehen und uns ganz auf das konzentrieren, was zu tun ist. Diese Form der Konzentration hat aber nichts mit dem Verstand zu tun. Ich will es lieber Hingabe nennen, denn Konzentration wird bei uns mit einem bewussten Vorgang verbunden. Hingabe braucht keine Absicht. Sie ist selbstlos und eigennützig, eine natürliche Haltung, die eingenommen werden kann, ohne etwas zu wollen. Sie stellt sich ganz von selbst ein, wenn wir eine gewisse Reife erlangt haben. Dann sind wir zu Hause in uns selbst.

Wo ist denn unser Zuhause?

Zuhause ist nicht irgendwo. Wir stellen uns das so vor, weil wir es gewohnt sind, im Hier und Jetzt so zu denken. Hier, wo wir leben, hat alles einen Ort, und weil wir von hier nach dort gehen, gehen wir davon aus, dass alles irgendwo sein muss, also einen bestimmten Ort haben muss. Das Sein kennt keinen Ort, es ist jenseits von Orten und ist gleichzeitig in allen Orten vorhanden. Das klingt nicht nur paradox, aus der Sicht des Verstehens muss es sogar paradox sein, da es auf dieser Ebene nicht begriffen werden kann. Unser Zuhause ist in uns und überall dort, wohin wir mit dem Denken nicht folgen können. Es kann nicht verstanden, nur innerlich realisiert werden.

Ist unser Zuhause demnach die einzige Wirklichkeit?

Da die eine Wirklichkeit keine Substanz hat, also nicht materieller Natur ist, können sich die meisten nicht vorstellen, dass dies unsere wahre Natur sein soll. Wir sind sehr fokussiert auf den Körper und identifizieren uns ja mit ihm. Gewissermaßen sind wir ja auch der Körper, aber eben auch viel mehr. Wir sind scheinbar der Körper und eigentlich Geist. Wenn wir aber glauben, dass wir beides sind, liegen wir auch nicht richtig. Körper und Geist existieren nicht getrennt voneinander, da der Körper ohne Geist nicht sein kann. Umgekehrt ist dies aber schon möglich. Wir empfinden die Welt und unseren Körper als unser Zuhause, was auch nachvollziehbar ist. Zuhause ist überall, es ist alles, das Ganze. Wir sind ein ungetrennter Teil dieses einen Seins. In der balinesischen Schöpfungsgeschichte ist das sehr schön beschrieben. Da heißt es: »Am Anfang stand der Wille des Einen, Viele zu sein. Und er gestattete einem Teil von sich, als Viele in Erscheinung zu treten.« Was auch immer in Erscheinung tritt und kommt und geht, es ist nicht von Bestand und die Erde nur unsere vorübergehende Heimat. Wir sammeln hier nur Erfahrungen, damit wir unser eigentliches Zuhause entschlüsseln können.

Nehme ich Erfahrungen mit? Und kann ich Erfahrungen durch Meditation bewusster erleben oder sogar umgehen?

Alles, was in unserem Bewusstsein abgespeichert ist, nehmen wir mit in die nächste Inkarnation. Es ist ja nicht irgendetwas, sondern unsere unsichtbare ewige Substanz, die immer wieder inkarniert. Alles, was wir zurücklassen, wie Menschen oder Besitz, ist illusorisch und wird eines Tages vergehen. Das Materielle geht, die Erkenntnisse bleiben. Machen wir daher aus jedem Vorhaben einen vollkommenen Erfolg. Die natürliche Fülle bewusst zu erleben, nennt man Vollkommenheit. Fülle ist aber nicht mit Reichtum oder Geld gleichzusetzen, sondern mit der Präsenz und dem Bewusstsein, in das große Ganze eingebettet zu sein. Wir sind nicht getrennt von irgendetwas, wir sind das Eine, das sich als Vieles zeigt und sich danach sehnt, sich dieser Einheit bewusst zu werden. Das Jetzt schwingt in der Zeitlosigkeit und jeder Moment ist jetzt. Auch morgen wird zum Jetzt, da es außer dem Jetzt nichts gibt. Meditation ist keine Übung, sondern eine Lebenshaltung, ein Geisteszustand. Wer das ganze Leben zu einer einzigen Meditation macht und es als solche erlebt, ist angekommen. Er hat alles erreicht, was es in einem Leben zu erreichen gibt. Meditation bedeutet also Hingabe für den einen Moment.

Suche ich mir die Erfahrungen, die ich in dieser Inkarnation machen möchte, eigentlich selbst aus?

Ja und nein. Ja, weil die Inkarnation meine Entsprechung ist. Das heißt, sie entspricht mir und ist wie maßgeschneidert. Sie entspricht meinen vorhergehenden Handlungen, Worten und Gefühlen. Natürlich ist es kein willentlicher Entscheid, wann man wieder geboren wird. Es bringt nichts, über solche Fragen nachzudenken. Wir können es ohnehin nicht verstehen und was würde uns das Wissen nützen? Herkömmliches Wissen ist auf dem Weg des Erwachens völlig nutzlos. Das eine Wissen, was aber mit Gewahrsein gleichzusetzen ist, ist das, was erstrebenswert ist.

Leben wir immer echt? Als wer leben wir?

Entweder leben wir als Mensch oder als erwachtes Bewusstsein. Das heißt, dass wir entweder als kleines Ich, also Ego, reagieren oder als das eine große Ich, was das Höchste Selbst ist, agieren. Das Selbst lebt aus sich heraus, vollkommen natürlich und echt. Das Ego lebt nach seinen Vorstellungen und Wünschen. Es wird manipuliert und manipuliert auch sich selbst. Natürlich ist es sich dessen nicht bewusst. Es ist ein Schlafwandler. Es bildet sich ein, wach zu sein und schläft auch dann, wenn es munter ist. Es sieht sich als Mittelpunkt des Lebens und erlebt alles immer aus der Ich-Perspektive. Die gaukelt uns vor, dass wir im Leben der Mittelpunkt, also die Zentralstelle unseres Erlebens sind. Diese Zentralstelle ist ein Trugschluss. Unser Ich ist nicht der Mittelpunkt, auch wenn wir davon ausgehen, dass unser körperlicher Standpunkt der Ausgangspunkt für das Leben ist. Wir erleben die Welt als etwas von uns Getrenntes und sehen die Welt »da draußen«. Doch Draußen ist eigentlich Drinnen, was schon Goethe wusste. Der Mittelpunkt ist unverrückbar und unveränderlich immer derselbe, was nicht das Geringste mit dem Ich zu tun haben kann. Auch wenn wir sterben, verändert sich das nicht. Wir müssen alles dafür geben, wahrhaftig zu leben, und damit das möglich wird, gilt es, herauszufinden, wer wir wirklich sind.

Warum ist es so entscheidend, man selbst zu sein?

Weil das unser Sosein prägt und demnach auch unser Leben. Solange wir noch in der Illusion leben, ein Mensch zu sein und uns nur auf den Körper reduzieren, ziehen wir damit die ganz normalen menschlichen Probleme in unser Leben. Ja, wie bereits gesagt sind wir Mensch, aber wir sind auch noch etwas viel Größeres. Wir sind beides: die Einheit und die vorübergehende Vielfalt, der Körper, doch dieser vergeht. Für viele ist es selbstverständlich zu sagen: »Natürlich bin ich ein Mensch!« Da ist auch nichts falsch dran, aber es ist auch nicht richtig. Machen wir uns doch einmal bewusst, wer wir wirklich sind – wer wir außer dem, den wir im Spiegel sehen, sind. Wir blicken in den Spiegel und was sehen wir? Diese Frage sollten wir uns beantworten.

Steht bevor ich wieder geboren werde schon fest, mit welchen Menschen ich meine Erfahrungen machen werde?

Ja, aber da ist kein Ich, das sagt: »Ich möchte gerne mit diesem oder jenem Erfahrungen sammeln.« Bevorstehende Begegnungen basieren nicht auf Möchten oder Wollen, es sind Verabredungen, die auf Faktoren beruhen, die sehr vielschichtig sind. Diese Verabredungen sind auch Schicksalsgemeinschaften, also Menschen, die gemeinsam etwas zu erledigen haben. Die gibt es nicht nur in familiärer Hinsicht, sondern auch kollektiv. Um unsere Lebensabsicht zu erfüllen, braucht es viele Partner und Begegnungen. Es gibt keine Begegnung, von der wir nichts lernen können. Alles, was uns umgibt, und alle, mit denen wir ein Stück weit des Weges gehen, sind Weggefährten unserer Heimreise.

Und wie verhält sich das mit Partnerschaften?

Wir nehmen unterschiedliche Rollen ein und in jeder Rolle gesellt sich ein Gegenüber dazu, wenn es vorgesehen ist. Einige Menschen haben einen Lebenspartner, andere verschiedene Lebensabschnittspartner. Das heißt, was gleich schwingt, wird zueinander finden. Eine Beziehung ist nicht dazu da, um seine eigenen Wünsche und Vorstellungen zu befriedigen oder sich gegenseitig zu bespaßen. Spaß ist was für das Ego. Dagegen ist nichts einzuwenden, wer aber in dieser eigenwilligen Atmosphäre hängen bleibt, lässt die eigentliche Aufgabe außer Acht: sich zum höchsten Selbst zurückzuentwickeln. Spaß ist nicht gleich Freude, auch wenn Freude Spaß machen kann. Überlegen wir uns, oder besser gesagt, fokussieren wir uns darauf, uns gemeinsam zu entwickeln und uns gegenseitig eine Stütze zu sein.

Es gibt übrigens keinen falschen Partner, nur einen, der uns auf etwas aufmerksam macht, nämlich auf das, was wir nicht sehen können oder wollen. Der Partner ist in jedem Fall eine Hilfe, weil er uns immer an das erinnert, was wir wirklich sind. Wenn wir persönlich reagieren, endet das in Machtspielen, Unstimmigkeiten und Diskussionen. Wenn wir es nur beobachten, passiert nichts. Dann ruhen wir in uns selbst. Aber darauf werde ich im Kapitel Beziehungen noch näher eingehen.

Ist eine Trennung sinnvoll, wenn es nicht mehr funktioniert?

Wenn alle Möglichkeiten ausgeschöpft sind, es nichts mehr zu lernen gibt und gemeinsames Wachstum stagniert, hat sich eine Beziehung erfüllt. Dann trennen sich die Wege. Viele bleiben aus strategischen Überlegungen zusammen, wegen der Kinder, des finanziellen Aspekts oder der Gewohnheit. Wenn ich aus solchen Gründen an der Beziehung festhalte und Angst davor habe, mich zu trennen, ist das okay. Man muss sich die Zeit geben, die man braucht. Wenn man miteinander spricht und sich offen und ehrlich darüber austauscht, welche Lebensabsicht, welche Ziele und Wünsche man verfolgt, wird schnell klar, was möglich oder auch nicht mehr möglich ist. Wenn Vorstellungen völlig auseinanderdriften, ist es besser, die Partnerschaft zu beenden. Man kann sich ganz liebevoll, ohne jeden Kummer oder Vorwurf aus einer Beziehung lösen.

Bleibt nicht immer ein bitterer Beigeschmack, wenn sich Zweisamkeit auflöst?

Im Gegenteil. Mit großer Dankbarkeit für die Zeit, die man miteinander verbracht hat, die Erfahrung, die man miteinander teilte, kann man dem anderen alles Gute wünschen und ihn in Liebe loslassen. Das geht nicht von heute auf morgen. Wenn man mit nichts hadert, geht es allerdings leichter. Hier hilft ein zuversichtlicher Blick auf das Schöne, was kommen mag, und auf das Schöne, was war. Konflikte entstehen nur, wenn man mit sich selbst nicht im Reinen ist. Die Bereitschaft für eine neue Erfahrung kann Wunder bewirken.

Ist es ein Ziel, irgendwann nicht mehr inkarnieren zu müssen?

Ja, unbedingt. Doch wer stellt sich solche Fragen? Das Sein, unsere wahre Identität, inkarniert ja nicht. Es ist das Ich, das sich wieder und wieder in Erfahrungen verstrickt und sie einfach nicht loslassen will. Erwartungen, Wünsche und Vorstellungen zwingen uns dazu, immer wiederzukommen. So schön das Leben auch sein kann und ist, es ist immer mit schmerzhaften Erfahrungen verbunden. Irgendwann haben wir diese satt und sind müde von der ewigen Reise, den andauernden Höhen und Tiefen. Die Lebensabsicht ist es, zu erwachen, und wenn ich erwache, beende ich die Inkarnation und brauche die Lebensschule nicht mehr zu wiederholen.

Ich habe bereits viele Fragen beantwortet. Darf ich einmal eine Frage stellen?

Die wäre?

Wie oft wollen wir noch nachsitzen?

Bringen wir hier und jetzt unsere eigene natürliche Vollkommenheit zum Ausdruck. Leben wir echt und entwickeln wir Menschlichkeit. Dienen wir dem Leben und tun wir das, was von uns verlangt wird. Wie? Indem wir unsere täglichen Aufgaben erfüllen und am besten nicht darüber nachdenken, ob wir nochmals kommen oder nicht mehr kommen müssen. Irgendwann sind wir alle am Ziel oder besser gesagt, haben wir erkannt, dass wir selbst das Ziel sind. Sobald wir uns als Selbst erfahren, löst sich das Ich von uns ab und wir ruhen in uns selbst. Das Leben geht weiter, aber frei von Widerständen, Ablehnungen und Verurteilungen. In Worte lässt sich das kaum fassen, setzen wir alles daran und vertrödeln wir unsere Zeit nicht. Kümmern wir uns um all das, was Erwachen begünstigt.

Was bedeutet es, wenn Menschen sich entwickeln?

Entwickeln ist ein wunderbares Wort. Vielen ist überhaupt nicht bewusst, was es bedeutet. Entwickeln bedeutet nicht, ein besserer Mensch zu werden oder sein Wissen zu erweitern. Es bedeutet, sich von den Verstrickungen des Egos zu lösen. Es hat sich um das Selbst gewickelt. Wir sind absolut vollkommen, aber wir sind eingewickelt in eingebildeter Unvollkommenheit. Wie bei einem Geschenkpapier gilt es, sich von dieser Unbewusstheit herauszuschälen, sich zu lösen: Wir ent-wickeln uns. Ist das Ganze ent-wickelt, also ausgewickelt, wird unsere natürliche Vollkommenheit zum Vorschein kommen. Das ist das, worauf man sein Augenmerk lenken sollte. Wir dürfen die Illusion beenden, damit wir die Vollkommenheit unseres eigenen wahren Seins erkennen können. Erst wenn du die Schnur gelöst, das Papier entfernt und den Karton geöffnet hast, kann das Geschenk zum Vorschein kommen.

Ist es empfehlenswert, eine Rückführung zu tätigen, um sich anzuschauen, was früher war? Oder nimmt man damit den Schleier des Vergessens weg, der ja eigentlich einen Sinn hat?

Früher habe ich es als hilfreich angesehen und war auch als Reinkarnationstherapeut tätig. Ich habe mir meine sogenannten früheren Leben angesehen, um zu erkennen, welche Stationen mich hierhergeführt haben. Ich denke, dass es nicht mehr zeitgemäß ist, aber das muss jeder für sich entscheiden. Wozu die Vergangenheit aufwärmen, die längst schon hinter uns liegt. Was auch immer wir erfahren, mit der Information können wir eigentlich nichts anfangen. Es kann kritisch werden, wenn man sich von dem, was man in einer Rückführung erlebt, beeinflussen lässt.

Sind die Bilder erst mal da, können sie uns auch zum Verhängnis werden. Es ist besser, im Hier und Jetzt zu leben und zu erkennen, dass nur der Augenblick zählt.

Wie ist Kurt Tepperwein zu dem Menschen geworden, der er heute ist? Woraus hat er Kraft geschöpft?

Ich glaube, das kann man auf ein Wort reduzieren: Neugier. Ich bin einfach neugierig auf das Leben. Ich möchte wissen, wie es funktioniert. Und dazu gehören natürlich viele Aspekte. Woher kommen wir? Was war vorher da? Wie funktioniert das Leben? Woher kommt Gesundheit? So bin ich Heilpraktiker geworden. Als ich Unternehmer und Unternehmensberater wurde, hat mich natürlich das Thema Erfolg interessiert. Daraus entstanden weitere Fragen: Was macht Erfolg aus? Wie kann ich erfolgreich sein und warum sind nicht alle erfolgreich? Also war der Antrieb immer die Tatsache, dass ich neugierig bin, was eine gesunde Portion Offenheit beinhaltet. Ich möchte einfach das Leben verstehen, ihm auf den Grund gehen und wissen, warum und wie die Dinge geschehen oder auch nicht geschehen. Jeder Mensch verfügt über eine ungeheure Kraft. Ich denke, dass wir alle aus der Liebe, der göttlichen Einheit, oder wie auch immer wir es nennen mögen, schöpfen. Ich sehe das aber nicht als etwas von mir getrennt Existierendes an, sondern als mein eigentliches Wesen.

Was bedeutet Evolution und was ist das Ziel der Evolution?

Das Ziel der Evolution und die Krönung des Lebens ist das bewusste Eintreten in die eigene natürliche Vollkommenheit. Die größte Entdeckung, die wir in diesem Leben machen können, ist die Erfahrung, die lebendige Erfahrung der eigenen natürlichen

Vollkommenheit. Der Mensch ist gedacht als Ebenbild Gottes, als ein vollkommener Ausdruck der Vollkommenheit des Seins. Und den Weg dahin nennen wir Evolution.

Was heißt »Ich bin vollkommenes ewiges Sein«?

Das heißt nichts anderes, als dass ich unsterblicher Geist bin. Machen wir uns einmal bewusst, dass fast alle Folgendes im Unterbewusstsein abgespeichert haben: Sterben müssen wir alle einmal, das Leben ist endlich und es ist noch keiner davongekommen. Sie sind nahezu davon überzeugt. Natürlich stimmt es aus der Sicht des Ichs, dass der Körper stirbt. So zumindest erleben wir es als Ich. Wenn der Körper stirbt, sterben nicht wir, sondern die Hülle fällt weg. Und nicht der Körper geht von uns weg, sondern der Geist zieht sich aus dem Körper zurück. Solange wir als Geist in einem Körper weilen, kann er nicht sterben. Es ist immer die Frage der Perspektive. Sehe ich mich als Körper, erlebe ich den Tod als Sterben. Empfinde ich mich als Geist, bin ich mir meiner Unsterblichkeit bewusst.

Woher bekomme ich die Gewissheit, dass ich mit dem übereinstimme, was für mich vorgesehen ist, dass ich auf dem richtigen Weg bin (Seelenplan)?

Wer will das wissen? Das Ich. Der Verstand ist neugierig, und wenn man dem Verstand eine Frage beantwortet, dann fallen ihm weitere ein, wie man ja an diesen Fragen sehen kann (lacht). Die Antwort auf die Frage lautet: Als Bewusstsein nehmen wir wahr, was jetzt zu tun ist. Dazu braucht es keinen Plan. Auch muss nichts gelernt oder gewusst werden. Als erwachtes Bewusstsein wissen wir ganz genau, was zu tun ist, weil wir uns nicht mehr ausschließlich mit dem Körper identifizieren. Nur das

Ich kann etwas tun, was nicht im Einklang mit dem großen Ganzen und nicht stimmig ist. Am Ergebnis kann man gut erkennen, wonach gehandelt wurde und wer der Veranlasser gewesen sein muss.

Wann beginnt das wahre Leben?

Es beginnt dann, wenn wir bereit sind, hervorzutreten und in die natürliche Vollkommenheit eintreten. Wenn wir jetzt nicht dazu bereit sind, wird es trotzdem jetzt sein. Da jeder Augenblick jetzt ist, kann die Antwort nur jetzt lauten.

Meine offenen Fragen zum wahren Sein:

Meine Gedanken über das wahre Sein:

Meine Vorsätze:

BEWUSSTSEIN

Was ist Bewusstsein?

Unser wahres Wesen kann sich mithilfe eines Körpers nur durch Bewusstsein erfahren. Wir sind von Bewusstsein umgeben und nur durch Bewusstsein können wir uns bewusst sein, dass es uns als Mensch gibt. Ohne Bewusstsein also keine Existenz. Machen wir uns einmal bewusst, zu wem wir eigentlich Ich sagen. Zu unserem Körper? Zu unserem Verstand? Zu unserer Persönlichkeit? Solange wir nicht wissen, was wir wirklich sind, werden wir auch das falsche Ich als Ich bezeichnen. Wir bezeichnen natürlich das als Ich, was wir zu sein glauben. Wir erleben uns als Persönlichkeit, als Körper, als ein Individuum. Alles ist Bewusstsein, weil außerhalb von Bewusstsein nichts wahrgenommen werden kann.

Was ist erwachtes Bewusstsein?

Erwachtes Bewusstsein hat realisiert, dass alles einschließlich dem Bewusstsein nur eine Täuschung, eine Notwendigkeit auf dem Weg zu sich selbst ist. So wie wir Luft zum Atmen brauchen, benötigen wir Bewusstsein, um uns selbst zu erfahren. Wir sind hier, um von der unbewussten Vollkommenheit über die bewusste Unvollkommenheit zur bewussten Vollkommenheit zu kommen.

Das kann man gar nicht oft genug wiederholen. Ein erwachtes Bewusstsein ist eine Bezeichnung, die vom Menschen ausgeht. Wer erwacht, lebt jenseits von Bezeichnungen.

Wie kann ich zu Bewusstsein kommen?

Eigentlich sind wir alle bei Bewusstsein, denn ohne Bewusstsein wären wir ja bewusstlos. Wenn wir über das Bewusstsein, also über alle Erfahrungen, hinausgehen, kann sich unser Leben erfüllen. Ich habe mir früher Folgendes bewusst gemacht: Ich bin nicht der Körper, ich bin nicht der Verstand und ich bin auch keine Persönlichkeit. Wie es die Weisheit der Sprache ja schon sagt: Ich habe einen Körper, ich habe einen Verstand, ich habe eine Persönlichkeit. Ich habe auch ein Auto und ich habe auch eine Wohnung. Das, was ich habe, kann ich ja nicht sein. Ich bin der Besitzer oder der Benutzer all dieser Dinge. Das heißt, mein Körper mit Verstand und Persönlichkeit sind meine Erfahrungsinstrumente, mit denen ich durchs Leben gehe. Als Mensch bin ich also der Erfahrende. Wir sollten über den Tellerrand blicken und den Blick auf das Wesentliche richten.

Und das bedeutet?

Wenn ich mir bewusst gemacht habe, dass ich das, was ich zu sein glaube, nicht bin, verlagere ich meine Aufmerksamkeit hinter meinen Körper. Ich schaue meinem Körper sozusagen über die Schulter, ich sehe ihm beim Leben zu. Ich schaue zu, was er gerade treibt, ohne ins Geschehen einzugreifen. Der Fokus meiner Aufmerksamkeit liegt hinter dem Körper und man beobachtet, wie er sitzt, was er gerade denkt und wie er sich fühlt. Das kann ich alles beobachten. Indem ich mir das bewusst mache, erlebe ich mich als bewusster Beobachter. Durch diesen

Perspektivenwechsel ändert sich alles. Ich habe sozusagen »den Stecker der Identifikation mit der Illusion des Ichs« aus der Steckdose gezogen. Da ich das, was ich beobachte, nicht sein kann, erkenne ich, der Beobachter eines Körpers und Verstandes zu sein, über den ich mich vorher identifiziert habe. Ich spreche nicht mehr von meinem Körper, meinen Handlungen und meinen Worten, sondern spreche von nun an in der dritten Person von »mir«, von dem, als der ich erscheine. Es heißt dann nicht mehr: Ich habe Kopfschmerzen oder ich sitze auf meinem Stuhl, sondern mein Körper sitzt auf diesem Stuhl, der diese Erfahrung macht. Ich bin das nicht. Ich bin der Beobachter dessen, was ich wahrnehme und im eigentlichen Sinne nicht wahrhaftig bin.

Kann sich dadurch auch der Kopfschmerz verändern?

Das Ich neigt stets dazu, etwas zu wollen oder loszuwerden. Es schielt stets auf ein Resultat, eine Entwicklung oder einen Vorteil für sich. Es geht nicht darum, mit der Rolle des Beobachters etwas zu erreichen, sondern unmerklich vom Denken in die Wahrnehmung überzugehen. Der Beobachter denkt nicht, er nimmt wahr. Worüber sollte er auch nachdenken? Er erlebt und sieht ja, was geschieht. Er verliert sich nicht mehr in überflüssigen Denkmodellen, da er wahrnimmt. Und dieser Wechsel, wenn wir es so nennen wollen, hat einen großen Vorteil. Der Verstand kann sich irren und das tut er ständig. Er verliert sich in Missverständnissen und ist sehr gewandt im Interpretieren. Die Wahrnehmung verliert sich nicht in Spekulationen und Ideen, sie irrt nie! Wahrnehmung nimmt einfach nur wahr. Sie ist wie eine Kamera, die nichts hinzufügt. Sie lässt auch nichts weg und verändert nichts. Da kommt mir das Mikrofon in den Sinn, das einfach nur aufnimmt, was gerade gesprochen wird. Und genauso handhabt es die Wahrnehmung. In dem Moment, wo wir das erkennen und zum bewusst wahrnehmenden Beobachter werden, können wir einen nächsten Schritt tun. Wir bleiben in diesem Bewusstsein und zwar für immer. Ganz gleich, ob wir arbeiten oder ruhen, wir bleiben innerlich still und beobachten das Leben.

Wie kann ich das Bewusstsein verändern?

Niemand kann Bewusstsein verändern. Aber jedem kann bewusst werden, was er wirklich ist. Wir können uns erinnern. Sich andauernd bewusst zu sein, dass wir mehr sind als der Körper und dass Probleme nur auf der Persönlichkeitsebene existieren, gilt es zu erkennen. Demnach verlassen wir diese und wechseln in den Beobachtermodus.

Wie geht man als erwachtes Bewusstsein mit dem Ego der anderen um?

Diese Frage stellt sich für ein erwachtes Bewusstsein nicht. So müsste die Frage lauten: Wie geht ein Ego mit anderen Egos um? Wo Egos aufeinandertreffen, kracht es, gibt es Unstimmigkeiten und Reibereien. Ein erwachtes Bewusstsein hat sich vom Ego gelöst und lebt »in der« Liebe. Es ist die Liebe. Somit sieht es auch keine Störfelder wie »andere Egos« mehr, sondern nur Licht. Es durchdringt nicht all die Hüllen, verliert sich nicht an Erscheinungen und erfährt sich immer nur selbst. Da ist nichts außer Licht und Liebe. Ein Ego sieht andere Egos, das Selbst sieht immer nur sich selbst, also Vollkommenheit, und nimmt das, was wir Ego nennen, als Erscheinung wahr, von der es sich nicht beeindrucken lässt.

Gibt es über die Macht des Unterbewusstseins etwas zu sagen?

Das Unterbewusstsein ist ein Teil der Persönlichkeit. Alles, was uns bewusst ist und wird, sinkt ins Unbewusste ab und kann jederzeit herbeigeholt werden. Es sind Bilder und Emotionen, die sozusagen in uns eingelagert sind. Es hat Einfluss auf unser Leben, weil Bilder auch unerwartet hochsteigen können. Die Macht des Unterbewusstseins hat man früher gezielt genutzt, um sich weiterzuentwickeln. Wir wollen uns aber nicht weiterentwickeln, sondern ent-wickeln, also befreien. Zum Ursprung zurück geht der Weg und niemals nach vorne.

Was ist der Unterschied zwischen Seele und Bewusstsein?

Beide Begriffe hat der Verstand kreiert. Unsere Sprache ist ja auch eine Hilfestellung für Ausdruck und zum Überleben. Genau genommen gibt es nur das eine Sein. Das ist die einzige Wirklichkeit. Alles, was ist, das ganze Universum, alle Welten, die Menschen, Tiere und Schöpfung, all das ist ein Ausdruck dieses einen Seins. Dieses eine Sein beseelt also alles mit seiner Präsenz, all die Dinge, die uns umgeben, einschließlich uns selbst. Nur für den Verstand gibt es so etwas wie deine und meine Seele, im reinen Sein gibt es diese Trennung nicht. Nur auf dem Erfahrungsfeld Erde, das Bewusstsein benötigt, um Vielfalt zu erfahren, herrscht Dualität. Dort existieren Unterschiede. Die Seele drückt sich durch den Körper aus, der sich durch Bewusstsein erfahren kann.

Ist der Beobachter frei?

Gefühle und Gedanken sind das, was wir als Beobachter beobachten. Als bewusster Beobachter weiß man jederzeit intuitiv, was zu tun ist. Gedanken, Gefühle und Erfahrungen gehören uns nicht, wir definieren uns über sie, wenn wir nicht der Beobachter sind. Als Beobachter unterscheiden wir nicht zwischen dem, was um uns herum passiert oder in uns geschieht. Der Beobachter ist neutral und völlig wertungsfrei. So wird einfach wahrgenommen, wie sich der Körper, in dem ich wohne, hinsetzt oder ein anderer Körper eine Tasse in die Hand nimmt. Aber Bezeichnungen wie »mein Körper« und der »andere Körper« dienen nur zur Erklärung, denn eine Beobachtung nimmt wahr und unterscheidet nicht. Als Beobachter fühlt man sich frei, weil man nicht mehr unterscheidet, vergleicht oder sich verbindet.

Wie würden Sie das Selbst beschreiben?

Es gibt nur eine einzige Wirklichkeit hier, und das ist das eine Sein, das Selbst. Das Selbst ist die Quelle, der Ursprung von allem. Das, was wir als Realität bezeichnen und als Wirklichkeit ansehen, ist, wie Einstein es schon so schön gesagt hat, auch nur eine Illusion. Es gibt Milliarden Realitäten, aber nur eine Wirklichkeit. Wenn wir am Morgen aufwachen, haben wir die Traumwelt hinter uns gelassen und glauben in die Realität einzutauchen. In Wahrheit sind wir aber nur in einen anderen Traum übergegangen.

Was ist der Unterschied zwischen Realität und Wirklichkeit?

Realität und Wirklichkeit sind Begriffe, die eigentlich dasselbe bedeuten, aber fälschlicherweise falsch genutzt werden. Wir bezeichnen unser Leben als Realität. Das stimmt auch, aber es ist unsere Realität, eine Realität von vielen. Somit gibt es auch viele Wirklichkeiten. Jeder hat seine eigene und erachtet das, was er erlebt und glaubt, als richtig. Alle Realitäten und Wirklichkeiten erscheinen in der einen Realität oder Wirklichkeit, die man auch als Selbst, Liebe, Gott oder Vollkommenheit bezeichnen könnte.

Hat man als Erwachter noch Ziele?

Ein Erwachter kennt keine Ziele. Diese gibt es nur für den Verstand. Wenn ein erwachter Mensch aus unserer Sicht etwas erreicht hat, können wir das aus der Ich-Perspektive fälschlicherweise als Ziel bezeichnen. Für ihn ist es jedoch kein erreichtes Ziel, sondern etwas, was sich durch gewisse Umstände gefügt hat. Für »ihn«, was man hier eigentlich »ES« nennen müsste, spielt es keine Rolle, was geschieht oder nicht geschieht, es zählt nur der Einklang.

Das Ich hat immer eine Vorstellung davon, was schön wäre und was es noch erreichen oder verwirklichen könnte. Der Erwachte ist am Ziel und gleichzeitig ist er das Ziel. Wir sind es auch, doch erkennen wir es noch nicht. Ein Erwachter lebt frei von all den Projektionen. Er lebt im Jetzt als Jetzt und erledigt alle Aufgaben aus dem Augenblick heraus, wie sie sich ergeben. Als Beobachter will er nichts mehr und lässt die Dinge geschehen oder sein. So wie es ist, ist es und so wie es kommt, ist es gut. Nur wir empfinden Widerstände und sind ständig im Konflikt mit uns selbst, der Welt und unserem Umfeld.

Wir müssen uns bewusst machen, dass das Jetzt, jeder Augenblick, eine Chance mit sich bringt und ein großer Segen ist. Der Moment ist voller Energie und stellt uns vor Aufgaben, die wir entweder ablehnen oder ignorieren oder auch voller Hingabe und Freude erledigen können. Die Entscheidung liegt bei uns. Wenn ich die Erfüllung bin, erfülle ich alles, was kommt, ohne zu wissen oder wissen zu wollen, wohin es führt. Das Wohin interessiert nur den, der noch schläft. Wer erwacht, lebt im Einklang, weil er selbst zu diesem erwacht ist.

Meine offenen Fragen zum Thema Bewusstsein:

Meine Gedanken zum Bewusstsein und zur Bewusstseinsentwicklung:

Das nehme ich mir vor:

DER BEOBACHTER

Was genau ist unter Wahrnehmung zu verstehen?

Beobachten und Wahrnehmen sind innere Impulse, eine Ausrichtung, die man einnehmen kann. Das Instrument Körper ist Mittel zum Zweck, da wir ohne dieses Fahrzeug unsere Reise auf Erden nicht bewerkstelligen könnten. Nicht der Körper oder der Verstand nehmen wahr, dies kann nur das Bewusstsein vollbringen. Der Verstand denkt, Gott lenkt. Der Mensch als Ich greift automatisch auf den Verstand zurück. Dieser ist begrenzt und kann nur auf Wissen, also Gelerntes und Erlebtes, zurückgreifen. Wahrnehmung hingegen ist allumfassend. Die Sinne, die wir benutzen, sind ein außerordentliches und notwendiges Instrument, bewegen sich aber ebenfalls im begrenzten Raum des Bewusstseins. Wollen wir darüber hinausgehen, müssen wir in die Wahrnehmung kommen und in ein intuitives Erfassen eintauchen. Erst wenn ich in die Beobachtung gehe, erschließt sich mir die Möglichkeit der Wahrnehmung. Nach und nach erkenne ich den großen unverzichtbaren Vorteil der Wahrnehmung, nämlich dass sie fehlerfrei ist.

Wie weiß ich, ob ich wahrnehme?

Der Beobachter beobachtet, das kann eigentlich jeder. Nicht jemand beobachtet, sondern die Wahrnehmung: Sie nimmt wahr.

Der Beobachter oder Wahrnehmende beobachtet alles, auch das, was sein Fahrzeug, das persönliche Ich, erfährt. Im Hinblick auf die Unterscheidung kann vielleicht folgender Hinweis hilfreich sein: Wenn wir zuschauen, nutzen wir die Augen. Wenn wir zuhören, benutzen wir die Ohren. Dann liegt der Fokus auf den Sinnesorganen. Diese gehören aber zum Körper. Dann sieht das Ich etwas oder bekrittelt sich selbst. Geschieht das, sind wir nicht der Beobachter. Beim Wahrnehmen steht der Verstand nicht im Mittelpunkt. Sobald wir uns im Denken verlieren, geht auch die Wahrnehmung verloren. Aber wir können auch Gedanken beobachten. Das heißt, wenn wir in der Wahrnehmung sind und Gedanken auftauchen, können wir in der Wahrnehmung bleiben, wenn wir uns mit den Gedanken nicht identifizieren. Sie also nicht an uns heranlassen und sie nicht persönlich nehmen. Es ist so, als würde uns jemand rufen und wir reagieren und antworten nicht. Viele glauben, dass das Denken das Wichtigste ist, da wir das Erlebte ja sortieren müssen, um eventuelle Handlungen oder Konsequenzen zu erkennen. Warum sollte dies nicht auch über die Wahrnehmung funktionieren? Und Handlungen, die aus der Wahrnehmung heraus entstehen, sind absolut fehlerfrei. Alles funktioniert viel einfacher und geschieht automatisch, wenn wir intuitiv, erwartungsfrei und absichtslos entscheiden. Man lebt spontan, ohne dass Vorstellungen dazwischenfunken. Ich nehme (es nimmt) also wahr, was ist, und ich nehme (es nimmt) wahr, welche Konsequenzen sich daraus ergeben. Danach handle ich aus mir heraus, ohne Umschweife, unmittelbar und direkt. Es handelt. Dies ist der beste Weg für optimales Handeln, nämlich in der Wahrnehmung zu bleiben.

Wenn ich wahrnehme, bin ich dann allwissend?

Der Verstand stellt sich unter der Wahrnehmung vielleicht vor, dass er alles weiß. Vollkommenes Bewusstsein ist allwissend, die Wahrnehmung muss nicht alles wissen, sie kann gar nichts wissen, weil sie wahrnimmt und nicht denkt. Sie ist das Urwissen, welches mit herkömmlichem Kopfwissen nicht verwechselt werden darf. Es ist auch nicht wichtig, alles zu wissen. Je mehr wir wissen, umso mehr Ballast tragen wir mit uns herum. Wissen ist für das Leben wichtig. Wer aber sein wahres Sein entdecken will und nach Erfüllung trachtet, für den kann der Verstand zum Hindernis werden. Als Beobachter kann man alles wahrnehmen, auch das, worauf man seine Aufmerksamkeit nicht richtet. Es ist wie eine Antenne, die einen wissen lässt, alles ist hier und so etwas wie Trennung existiert nur im Kopf. Sie hat es niemals gegeben.

Was ist der Unterschied zwischen individueller und universeller Wahrnehmung?

Die Form der Wahrnehmung. Wenn wir als Beobachter leben und dem Leben sozusagen zuschauen, sind wir in der individuellen Wahrnehmung. Das heißt, wir nehmen wahr, was uns umgibt und in Folge auch betrifft. Wir nehmen also die kleine Welt wahr – so könnte man es bezeichnen. Wenn wir aber das Scheitel-Chakra geöffnet haben und »online«, also verbunden, sind, sind wir in der universellen Wahrnehmung. Das heißt, wir sehen alles, auch die Zusammenhänge, von dem, was gerade ist und da ist. Wir sehen also nicht nur, was wir als unsere Situation empfinden, sondern das Gesamte. Hier gibt es ganz andere Einsichten und Erkenntnisse, da sich Wahrnehmung nicht auf die persönlichen Aspekte begrenzt.

Was ist, wenn mir plötzlich etwas einfällt?

Wie es die Sprache der Weisheit so schön sagt: »Etwas ist mir eingefallen.« Aber woher fällt es, woher kommt es eigentlich? Woher kommt das, was mir plötzlich in den Sinn kommt? Und wo fällt es rein? Fällt es in meinen Verstand oder in mein Bewusstsein? Der Verstand kann wieder nur das begreifen, was seiner Erfahrung entspricht. Da das Bewusstsein allumfassend ist, kann es alles erfassen. Es ist also von Vorteil, wenn wir möglichst ständig »online« sind. So können wir uns von der universellen Wahrnehmung, der universellen Weisheit, führen lassen und so machen wir immer das Richtige, das, was zu tun ist. Nichts kann einem entgehen, man versäumt nichts. Alles, was uns einfällt, ist eine Eingabe. Alles, was uns zufällt, ist ein Zufall. Es ist auch interessant, die wahre Bedeutung von Worten aufzudecken.

Wie erlange ich Eins-Sein?

Wir erlangen es nicht, solange wir denken. Solange wir denken und uns ausschließlich über den Verstand identifizieren, sind wir im Ich. Wir müssen uns also darin versuchen, vom Denken zum Sein zu kommen und in die Wahrnehmung zu gehen. Versuchen ist vielleicht nicht das richtige Wort, denn wir können es einfach tun. Diese Gabe ist uns aber abhandengekommen, wir haben es verlernt. Als Baby und auch noch als Kleinkind waren wir in der Wahrnehmung. Erst als uns die Eltern sagten, dass wir nicht sagen dürfen »Kurt hat Hunger«, sondern »Ich habe Hunger«, haben wir uns nach und nach in die Trennung begeben, die eigentlich etwas Künstliches und völlig Unnatürliches ist. Eins-Sein kann man nicht erlangen, man ist es. Nur das Ich glaubt es nicht zu sein.

Es ist also so, dass uns das Denken blockiert?

Jeder Gedanke vertreibt uns aus dem Paradies des Jetzt. Sobald wir bemerken, dass wir uns im Nachdenken und Grübeln verloren haben, nehmen wir bewusst die Beobachterrolle ein. Lassen wir unser Bewusstsein weit werden und gehen wir über das Denken hinaus. Da wir das wie gesagt verlernt haben, sollten wir uns jeden Tag etwas Zeit dafür nehmen, um ganz bewusst in diese Wahrnehmung zu kommen. Wir alleine entscheiden, wann dieses neue zauberhafte Leben beginnen kann. Je öfter wir die Dinge einfach nur beobachten, umso belastender werden schlechte Gedanken werden. Es ist richtig anstrengend, wenn sich im Oberstübchen ständig alles im Kreis dreht. Dieses Karussell können wir jederzeit beenden. Und das ist jedem möglich. Man muss sich diesem Vorhaben mit Ausdauer widmen. Anstatt unnötige und überflüssige Gewohnheiten zu pflegen, lohnt es sich, einfach etwas Neues auszuprobieren: seine Wahrnehmung zu entdecken und zu schulen. Fürs Erste aber reicht es vollkommen aus, das Tempo des Verstandes zu verlangsamen und etwas weniger zu denken. Jeder Gedanke weniger bedeutet auch weniger Ursachen, die wir erleben. Gedanken sind Ursachen, die immer zu uns zurückkommen.

Wie genau funktioniert es, »online« zu gehen?

Wie verbinde ich mich? Das ist eine gute Frage. Eigentlich sind wir immer verbunden. Die scheinbare Unterbrechung ist das Ich, das wie eine Schranke fungiert. Ich gehe »online«, indem ich in der Imagination einen Schritt hinter meinen Körper trete und ihm sozusagen über die Schulter bei dem, was er tut und was um ihn herum geschieht, zuschaue. Damit löse ich die Identifikation mit der Illusion des Ichs. Indem ich mir bewusst mache, wer der Beobachter ist, erlebe ich mich als dieser. Ich erkenne: Das bin ich wirklich. Körper, Verstand, Persönlichkeit sind nur meine Erfahrungsinstrumente, meine Schuluniform, die mir im Schulhaus Erde vorübergehend zur Verfügung steht. Wollen wir das mal praktisch durchgehen?

Ja, sehr gerne.

Also, ich richte meine Aufmerksamkeit bewusst auf das, was ist, anstatt aus der Sinnesebene etwas zu fokussieren. Der Fokus geht auf eine Sache, die Wahrnehmung hingegen auf alles. Lass uns beginnen: Wir schließen die Augen. Dann stellen wir uns vor, dass sich das Scheitel-Chakra, also die höchste Stelle am Kopf, ganz weit auftut. Der universelle Wahrnehmungsraum öffnet sich und wir werden ganz bewusst eins mit allem, eins mit dem Allerhöchsten und damit mit der universellen Wahrnehmung vertraut.

Eine weitere Möglichkeit ist, mit geöffneten Augen eine Stelle zu fokussieren und den Blick darauf ruhen zu lassen, während man bewusst in die Wahrnehmung geht und alles um sich ebenfalls in sich aufnimmt, ohne sich damit zu identifizieren. Wenn wir jemanden ansehen, können wir ja gleichzeitig vieles um uns herum sehen, ohne es zu betrachten. Wenn wir diese Zeilen hier lesen, fokussieren wir uns ohne Anstrengung und ganz automatisch auf die Buchstaben und Worte. Doch die Hände, die das Buch halten, sind ja ebenfalls in unserem Blickwinkel, auch wenn wir sie nicht bewusst wahrnehmen. Wir müssen nicht bewusst zu ihnen hinschauen. Wenn wir weiterlesen, können wir die Hände sehen, während wir das Bewusstseinsfeld miteinbeziehen. Wohin die Augen auch schauen, sie sehen viel mehr, als wir vermuten und uns auffällt, wenn wir mit einer Sache beschäftigt sind. So können wir uns der reinen Wahrnehmung annähern. Es gibt so viele Möglichkeiten und wir vertrödeln unsere Zeit mit Dingen, die vielleicht unterhaltsam und kurzfristig befriedigend sein mögen, aber was nutzen sie uns? Das Beispiel mit dem Buch ist eine gute Übung, die wir mit allem und überall machen können und je nach Lust und Laune auf den ganzen Tag ausweiten können.

Man will ja immer etwas. Muss man den Willen loslassen, damit man Wahrnehmung praktizieren kann?

Genauso ist es! Der Wille bleibt hier außen vor, den können wir ablegen. Der Wille ist ja das Ich. Nur das Ich will etwas, das Selbst übergibt sich ganz natürlich dem Leben. Und zwar ohne Wenn und Aber und ohne Kompromisse, nämlich vollkommen! Wenn wir den Willen loslassen, wird das Leben auf eine unglaubliche Art und Weise effektiv und eben vollkommen. Wir erleben unsere eigene natürliche Vollkommenheit. Wenn wir nichts mehr wollen und die Aufgaben des Lebens einfach annehmen, ganz gleich wie sie sind, wird das die Wahrnehmung schulen und schärfen. Dann sind wir ständig »online« und brauchen uns auch keine Zeit mehr für Meditation zu nehmen. Das ganze Leben ist eine Meditation, wenn wir nicht dagegensteuern und diese persönlichen Wahrnehmungen und Geschichten hinter uns lassen.

Wenn ich online gehe und die Aufmerksamkeit auf eine Frage richte und keine Antwort bekomme, woran kann das liegen?

Weil wir die Antworten anders erwarten, als sie zu uns kommen. Wir haben eine gewisse Vorstellung, was dieses Thema betrifft. Das All-Eine spricht ja nicht direkt zu uns und es muss auch keine Stimme im Inneren sein. Menschen, Tiere und Begebenheiten können uns Antworten überbringen. Sie sind überall und Botschaften gibt es auch auf Lkw-Planen, in der Zeitung, im Internet, auf der Straße oder im Radio. Wir müssen also verbunden, »online«, sein, um die Form der Hinweise zu erfassen. Sie erreichen uns nur, wenn wir völlig frei und ungebunden sind, das heißt, wenn wir uns vom Ich-Gedanken und der Identifikation mit diesem Ich gelöst haben und nicht mehr als Person wahrnehmen, sondern als das große Ganze. Das ist ja unsere wahre Natur! Wenn also ein Ich versucht, »online« zu gehen, wird es scheitern, deswegen ist es auch schwer, es in Worte zu fassen. Es kann vom Verstand nicht nachvollzogen werden. Es ist eine Erfahrung ohne das Ich.

Wenn ich etwas erkläre, versucht das Ich es umzusetzen. Doch wer setzt es um? Nicht das Ich als Werkzeug muss etwas tun, sondern das Eine, das das Werkzeug am Leben erhält, muss für uns innerlich spürbar und sichtbar werden.

Wie soll ich jemandem erklären, wie er atmet? Er atmet ganz von allein. Es geschieht durch ihn, ganz gleich, ob er etwas davon weiß, es will oder nicht will. Und so verhält es sich auch mit der Wahrnehmung. Die Übungen und Impulse, die ich weitergebe, dienen nur dazu, sich dem anzunähern und ein Gefühl dafür zu entwickeln. Es sind Praktiken, die einen vom Denken wegbringen und die Zeit wertvoll ausfüllen. Je mehr wir uns dem Bewusstsein und der Spiritualität widmen, umso näher rücken wir der Einheit und öffnen uns, um zu empfangen und zu erinnern, ohne denken zu müssen. Es gibt ein inneres Verstehen, das immer da ist, ganz ohne Gedanken.

Was ist Meditation?

Wahre Meditation ist nicht etwas, was jemand praktiziert. Meditation ist ein dauerhafter Zustand von innerer Harmonie. Somit beginnt sie nicht irgendwann und besitzt auch keine Dauer. Wenn sich ein Ich hinsetzt, um zu meditieren, will es damit etwas bezwecken. Wahre Meditation erfüllt keinen Zweck, sie ist der natürliche Zustand unserer Natur. Es ist ein In-Sich-Ruhen, ein Ausgeglichen- und Angekommen-Sein in einem.

Wozu soll ich dann meditieren?

Jeder entscheidet für sich, was ihm guttut und was ihn anspricht. Meditation, wie wir sie kennen, ist eine Übung, um zur Ruhe zu kommen. Es entspannt und tut gut, aber mit der wahren Stille hat das nichts zu tun. Solange wir noch etwas erreichen wollen, werden wir meditieren. Wenn wir nichts mehr erreichen wollen, wird das ganze Leben zur Meditation. Es gibt dann keinen Zeitpunkt mehr, wo wir uns hinsetzen und etwas tun, um Entspannung zu erfahren. Dem ganzen Leben ist die Anspannung abhandengekommen und wir leben im Einklang mit uns selbst. Der Meditierende kann die Zeit mit sich genießen, ruhiger werden und sein Herz öffnen. Und umso mehr wir unsere Herzen öffnen, umso zugänglicher werden wir für ein achtsames Leben. Ist doch gut, oder? Wozu meditieren, wenn es mich nicht ans Ziel bringt? Diese Frage können wir so nicht stellen, weil Erwachen keine Kosten-Nutzen-Rechnung darstellt. Ich kann auch nicht sagen, wozu ich in den Kindergarten gehen muss, wenn ich da kein Abitur machen kann. Wir müssen uns im Leben Schritt für Schritt herantasten, uns weiterentwickeln, heranreifen und Erfahrungen sammeln. Und alles, was uns dabei unterstützt, kann nicht falsch sein. Somit ist alles wichtig, womit man sich wohlfühlt. Wer keine Erwartungen hat, ist gut dran, da er sich nicht unter Druck setzt und auch nicht enttäuscht werden kann.

Das Ich oder das Ego halten immer nach einem Nutzen Ausschau und Kosten-Nutzen-Rechnungen werden ganz großgeschrieben. Das Selbst ist auch ohne diese Spielereien groß. Es ist völlig nutzlos und doch ist es die Grundlage unserer Existenz. Ist das nicht spannend?

Wenn ich nur beobachte, habe ich Bedenken, dass mein Gehirn nicht mehr richtig funktioniert und ich Fehler machen könnte. Ist das normal?

Es ist kein Nachteil, sein Gehirn zu vernachlässigen, denn es gibt auch einen unsichtbaren Denker. Es ist der Lenker, der auf eine Art und Weise denkt, wie wir es uns nicht vorstellen können. Intuitives Handeln, Spontaneität und unmittelbares Tun brauchen keine Anweisungen vom Verstand, das alles funktioniert von sich aus.

Die Angst ist nachvollziehbar, aber völlig unbegründet. Wir haben eben unsere Vorstellungen, wie die Dinge funktionieren müssen und genau die sind das eigentliche Problem. Sie hindern uns daran, loszulassen und mit einer gesunden Neugier, Offenheit und tiefem Vertrauen dem Alltag zu begegnen. Warum sich etwas vorstellen? Es geschehen zu lassen, ist der einfachere Weg.

Hier konnte ich bereits die Beobachterrolle einnehmen:

Was ich hier noch verbessern kann:

Meine Vorsätze:

ERWACHEN

Wie kann ein unbewusster Mensch zu seinem inneren Wesen finden?

Wenn jemand zu seinem inneren Wesen zurückfinden will, muss er zuallererst seine Betrachtungsweise überprüfen. Die Person an sich ist im eigentlichen Sinne illusorischer Natur, das innere Wesen ist Wirklichkeit. Die Illusion kann nie in die Wirklichkeit kommen. Genauso wie man aus dem Traum nichts mitnehmen kann in die individuelle Wirklichkeit des Tages. Wenn wir im Traum Millionär sind, ist nach dem Aufwachen nichts mehr davon da. Wir können das Innere nicht finden, da es kein Ort ist. Es gilt herauszufinden, wer wir wirklich sind. Es nutzt nichts, von der Illusion und Wirklichkeit zu wissen, wir müssen in uns reinsehen und das Missverständnis, in dem wir alle gefangen sind, genau dort klären, wo der Verstand nicht hingelangen kann.

Wie lange dauert Aufwachen?

Wie lange brauchen wir, um morgens aufzuwachen? Wir wachen einfach auf, irgendwann, irgendwie. Wir öffnen die Augen und der Traum, in dem wir uns gerade noch befunden haben, ist vorbei, und plötzlich sind wir wieder in unserer individuellen Realität. Wir wachen also nicht auf, wann wir wollen, sondern es passiert ganz einfach. Ein natürlicher Prozess, auf den wir keinen Einfluss haben. Wir können ihn minimal unterstützen, indem wir zum Beispiel früh schlafen gehen. Dann werden wir mit etwas Glück früher aufwachen, aber auch das ist nicht gewiss. Eines sei gesagt: Alles geschieht zur richtigen Zeit und niemand ist benachteiligt.

Ich habe Angst vor dem Aufwachen. Ich möchte mein Leben beibehalten. Wie kann ich diese Angst oder Skepsis überwinden?

Das Leben gehört uns ja nicht. Wir spielen nur eine Rolle und haben eine Vorstellung von dem, was wir Leben nennen. Wenn wir Vorstellungen fallen lassen, gestaltet sich alles viel leichter. Angst zeugt ja davon, dass wir nicht im Vertrauen sind. Wenn wir wüssten, dass das, was wir jetzt leben, im Gegenteil zum Aufwachen lediglich ein Problemvermehrungsplatz ist, würden sich Bedenken samt Ängsten schnell verflüchtigen, oder? Wir fahren mit angezogener Handbremse. Wir haben keine Ahnung, dass es sechs Gänge gibt, weil wir noch nicht einmal in den ersten Gang geschaltet haben. Nur weil wir uns dessen nicht bewusst sind, heißt es nicht, dass es den sechsten Gang nicht gibt. Zu sich selbst zu erwachen, ist kein Verlust und auch kein Gewinn, es ist die Rückkehr in das innere Paradies und das größte Geschenk, das ein Mensch erfahren kann.

Ich bin gerne die Person, die ich gerade bin und gerne Ehefrau und Mutter. Ich glaube, ich habe Angst, dass sich die Intensität der Gefühle verändert.

Ehe, Mutter, Kind, all das sind Rollen. Diese Rollen sind wichtig und durch Aufgaben entwickeln wir uns. Wir können wachsen und reifen und vor allem viel lernen. Es geht nicht unbedingt darum, etwas dazuzulernen im Sinne von Verbesserungen. Wichtiger ist es, zu lernen, was wir alles nicht mehr brauchen und loslassen können. Es ist ganz gleich, wie sich der Bewusstseinszustand zeigt. Eine Mutter wird immer eine Mutter bleiben. Fakt ist, dass eine unbewusste Mutter das Kind festhält und manipuliert, auch wenn sie nur sein Bestes will. Sie liebt es und glaubt deshalb, alles richtig machen zu müssen und macht gerade deshalb vieles falsch. Eine bewusste Mutter gibt dem Kind nicht nur Liebe, sie ist diese Liebe und gibt das Kind innerlich frei. Sie erzieht es nicht, sondern begleitet es. Durch diese Freiheit wird sich das Kind ganz anders entwickeln. Je bewusster wir also sind, umso entspannter und erfüllender wird die Beziehung zu all den Menschen sein, die mit uns durchs Leben gehen. Ich habe mir vor langer Zeit eine Frage gestellt: Wie ist es eigentlich, wenn ich schlafen gehe? Liebe ich dann mein Kind immer noch? Ich kann es während der Schlafenszeit nicht behüten, ansehen oder für es sorgen. Ich muss es loslassen und lasse es los, ohne mir dessen bewusst zu sein. Darüber nachzudenken, ist sinnvoll. Sinnvoller als sich Fragen zu stellen, die einer Perspektive entstammen, die von Unwissenheit zeugt. Wir haben keine Ahnung von dem, was unser Denken übersteigt und tun so, als ob wir es verstehen würden. Wir fragen uns ja auch nicht, ob wir in der Wüste Schwimmflossen benötigen. Hier sind die Umstände klar. Wenn es um Bewusstsein geht, tappen wir im Dunkeln.

Somit hat es Priorität, bewusster zu leben und zu werden, um die Missverständnisse des Denkens und der Vorstellungen zu durchschauen?

Das ist das Entscheidende im Leben. Und wer sich dieser Aufgabe stellt, hat alle Hände voll zu tun. Ein Leben in Achtsamkeit bedeutet, sich seiner Worte, Gedanken und Taten ständig bewusst zu sein. Es gilt, Vertrauen zu entwickeln, in sich und das Leben, aber auch in die Mitmenschen. Man muss sich selbst gut beobachten, um seinen Gewohnheiten und Programmen auf die Schliche zu kommen, die sich die letzten Jahrzehnte über eingeschlichen und verfestigt haben. Irgendwann beginnt man automatisch damit, das Leben zu hinterfragen. Auch das muss man weder wollen noch planen. Man möchte dem Leben etwas Gutes tun und sich nicht mehr nur um eigene Wünsche und Ziele kümmern. Es liegt in der Natur des Menschen, gemeinnützig zu denken und zu handeln. Wir haben es nur vergessen.

Wie ist es mit Problemen? Verändern sie sich, wenn ich zu Bewusstsein komme bzw. erwache?

Das, was wir Probleme nennen, ist immer gegenwärtig. Wir müssen uns ja nicht darauf beziehen. Probleme sind ja nichts anderes als Situationen, die wir ablehnen. Ein unbewusster Mensch lehnt alles ab, was ihm nicht in den Kram passt. Ein bewusster Mensch sieht alles als einen natürlichen Lauf der Dinge an, was aber nicht heißt, dass er alles gutheißen muss. Er lässt das Leben in Ruhe, lässt es in Ruhe fließen und fließt mit ihm. Wobei wir wieder beim Beobachter angelangt sind. Wer das Leben allumfassend wahrnimmt, kennt keine Widerstände und Probleme mit Gegebenheiten, die einfach so sind, wie sie sind.

Wie kann ich überprüfen, wo ich stehe?

Man sieht das ganz gut an seinen Reaktionen, wo man steht, und zwar, wenn etwas geschieht, wo Widerstände geschürt werden. Wer seine Mitte verlässt, steht nicht bei sich, ist nicht bei sich und kreist ständig um das, was er Probleme nennt. Er verlässt sein Herz und spaziert mit dem Verstand zu all dem hin, was ihn ärgert, nervt und ihm gegen den Strich geht. Ich bin immer richtig so wie ich bin, das ist eine wichtige Einsicht. Es ist ein Entwicklungsprozess und wir müssen uns selbst Geduld und Verständnis entgegenbringen. Vollkommen richtig aber ist man dann, wenn das, was im Außen geschieht, keinen Einfluss mehr auf unsere Zufriedenheit und Gelassenheit nehmen kann. Wenn unsere Gefühle nicht mehr Achterbahn fahren, wenn irgendetwas über uns hereinstürzt, ist das ein gutes Zeichen dafür, dass wir in unserer Mitte sind. Dort zu bleiben, ist eine große Kunst und eine Lebensaufgabe.

Soll man anderen dabei helfen, bewusster zu werden, um aufzuwachen?

Wenn man wirklich voll und ganz zu sich erwacht, hilft man anderen automatisch. Dafür muss man nichts tun. Weil eine grenzenlose Kraft etwas bewirkt, geschehen auch Wunder. Besser als sich um die Entwicklung anderer zu kümmern, ist es, sich um sich selbst zu kümmern und mit sich ins Reine zu kommen. Das ganze Leben ist eine Spiegelung, die sich im Bewusstsein abspielt. Wir sehen die anderen als etwas von uns Getrenntes an, obwohl es nur eine untrennbare Einheit gibt. Die anderen sind ebenso eine Spiegelung, und wenn du in den Spiegel siehst und dir deine Frisur nicht gefällt, frisierst du dann dich selbst oder den Spiegel (lacht)?

Warum gibt es so wenig erwachte Menschen auf dieser Welt?

Fragen wir uns doch einmal, warum es so wenig Abiturienten auf dem Gymnasium gibt? Es gibt keine. Wenn ein Schüler das

Abitur gemacht hat, geht er vom Gymnasium ab. Mit der Schule des Lebens verhält es sich nicht anders. Wenn jemand die Lebensschule gemeistert hat, also erwacht ist, was soll er dann noch auf der Schule? Natürlich gibt es Menschen, die unter uns weilen, die in ihrer letzten Inkarnation unglaubliches bewerkstelligt und vollbracht haben. Oft bleiben sie im Hintergrund. Manche sind dazu aufgerufen, einen Auftrag zu erledigen und an die Öffentlichkeit zu gehen. Wie dem auch sei, wer aus dem Hamsterrad aussteigt und das Glück hat, das letzte Mal am Spiel des Lebens teilzunehmen, darf sich aus dem materiellen Kreislauf verabschieden.

Folgendes in Bezug auf das Bewusstsein ist mir noch unklar:

Meine Gedanken zum Erwachen:

Folgendes möchte ich ausprobieren bzw. umsetzen:

ÜBER DAS ICH

Wie entsteht die Illusion des Ichs?

Die Illusion des Ichs entsteht, weil sich die Sinne über das Erfahrungsinstrument Körper und Verstand identifizieren. Man erlebt sich irrtümlich als Hülle, aber nicht als Kern, was als eigentliche Identifikation angesehen werden muss.

Wie löse ich die Identifikation mit dem Verstand?

Solange wir uns über das Denken definieren, können intuitive Impulse nicht empfangen werden, weil das Denken sozusagen die Leitung besetzt. Wenn der Kopf voll ist, ist der Zugang verstopft. Der Kopf muss also leer sein, damit Informationen aus einer anderen Ebene einfließen können. Es geht nicht darum, nichts mehr zu denken, sondern sich davon zu distanzieren. So zu tun, als ob die Gedanken nicht mit einem zu tun haben, ist ein erster Schritt in die Leichtigkeit. Die Identifikation mit dem Verstand kann nicht auf Knopfdruck abgeschaltet werden. Es hilft uns auch nicht, zu wissen, dass wir nicht der Verstand sind, wenn wir ihm die Führung unseres Lebens überlassen haben. Wir müssen also herausfinden, was es mit dem Verstand auf sich hat. Man kann sich Fragen stellen, die sehr hilfreich sind. Wo entsteht Denken? Wo werden Gedanken geboren? Wer sich solche Fragen stellt, bemerkt schnell, dass sie sich nicht so einfach beantworten lassen. Es ist ein andauerndes Erforschen und Eintauchen in sich selbst, um nach und nach Missverständnisse abzulegen und sich vom Verstand zu distanzieren. Entscheiden wir uns nicht gegen den Verstand und für das Bewusstsein, sondern für die Stille.

Wie weiß ich, ob die Intuition oder der Verstand Befehle erteilen?

Der Verstand ist der Planer, der Stratege. Er weiß, was er erlebt und sich angeeignet hat. Die Intuition schöpft nicht aus der Erinnerung, sondern aus sich selbst. Wichtiger als zu wissen, wer Befehle erteilt hat, ist zu fühlen, ob man sich damit wohlfühlt. Die Spontaneität und Klarheit der Intuition sind einzigartig. Die Unsicherheit dieser Frage zeigt auf, dass die Unterscheidungsfähigkeit nicht vorhanden ist. Das, was plötzlich und unmittelbar geschieht, kommt immer von innen. Dort braucht es keine Überlegungen und kein Abwägen, weil eine Direktheit gegeben ist, die der Verstand so gar nicht ausüben kann. Der Verstand ist ein wertvoller Begleiter und er ist nicht unser Feind. Wir sollten uns nicht in die Irre leiten lassen und die Intuition als etwas Gutes darstellen und den Verstand als etwas, das wir loswerden wollen. Wir sollten das Denken nicht verändern, sondern unsere Einstellung dazu und eventuelle Abhängigkeiten, Gewohnheiten und Programme überprüfen.

Immer wieder schürt das Ego Ängste und Sorgen, was kann ich tun?

Daran arbeiten, das Ego als Illusion zu durchschauen. Sorgen und Ängste gehören uns ja nicht. Wir empfinden etwas als unsere Sorge oder unsere Angst, doch haben wir uns schon einmal Gedanken darüber gemacht, wo Sorgen und Ängste eigentlich entstehen? Welche Eigenschaften haben diese Empfindungen und warum haben sie solche Macht über uns? Das Ego nimmt sich zu wichtig und es nimmt Ängste und Sorgen zu wichtig. Wir sollten ihnen keinen Raum geben, wo sie wachsen und gedeihen können. Sozusagen tun wir nichts anderes, als sie zu hegen und zu pflegen. Wir kümmern uns ja ständig um sie und die Gedanken kreisen unaufhörlich um das, was wir eigentlich loswerden wollen. Viele Menschen haben Angst vor der Angst und sorgen sich um etwas, was eintreffen könnte. Wie wir alle wissen, existieren Sorgen nur im Kopf. Wir können also damit aufhören, uns um Sorgen zu sorgen und ihnen die Aufmerksamkeit entziehen. Wenn wir alles, was wir ablehnen, ändern möchten, werden wir immer Sorgen haben. Seien wir im Einklang mit den Gegebenheiten, denn nur so kann ein sorgenfreies Leben gelingen.

Wie überwindet man Ablehnung?

Es ist das Ich, das Ablehnung erfährt. Solange wir uns als Ich erfahren, wird es auch Ablehnung und Widerstände geben. Diese Frage finde ich deswegen so wichtig, weil es ohne Ablehnung keine Probleme geben würde. Stellen wir uns vor, wir würden alles gutheißen. Wir würden nicht mit allem einverstanden sein, aber alles akzeptieren. Vielleicht hört es sich für manch einen komisch an, dass man mit Schmerz oder Unglück im Reinen sein kann. Aber Schmerz und Unglück existieren nur für das Ich. Das Selbst ist davon nicht betroffen. Also gilt es alles daranzusetzen, sich vom Ich ins Selbst zu verwandeln und sich um seine Entwicklung zu kümmern. Spiritualität ist nichts, was wir nebenbei tun können, es ist der Alltag. Wir stehen vor großen Herausforderungen und das Leben ist unser bester Lehrer. Wir können uns dagegen wehren oder die Lektionen annehmen. Es liegt an uns, ob wir dem leidenden Ego weiterhin die Treue halten wollen oder uns für einen bewussten Weg entscheiden. Das Leben ändert sich nicht von heute auf morgen, es geht um Stetigkeit, Geduld und Hingabe. Wer sich selbst nicht mehr so wichtig nimmt, schwächt das Ego und stärkt sein natürliches Sein.

Immer wieder übermannt mich der Verstand und fordert seine Aufmerksamkeit, soll ich mich dann auch an mein eigentliches Selbst erinnern?

Unbedingt! Der Verstand oder das Ich wollen ja nicht bedeutungslos werden, sie wollen im Mittelpunkt stehen und gebraucht werden. Wer erwacht, hat nicht nur keine Verwendung mehr für das Ich, es ist sozusagen transformiert. Dem Ich ist bewusst, dass es für es keine Verwendung mehr gibt, wenn es als Illusion durchschaut worden ist. Es tut also alles, um im Vordergrund zu bleiben und seine Herrschaft zu verteidigen. Es will uns auch das Erwachen madig machen. Kein Wunder, denn es würde ihm seine Existenz kosten. Schaffen wir also Zielklarheit und fragen wir uns: Was will ich denn erleben und was ist für mich wichtig? Womit muss ich mein Sosein erfüllen? Ich muss Schönheit und Glück geistig in Besitz nehmen. Alles, was in meinem Sosein enthalten ist, ist der Film, mein Lebensfilm im Projektor. Die Leinwand hat keine Entscheidungsfreiheit. Sie spiegelt den Film, der über den Projektor ausgestrahlt wird. An der Leinwand-Realität kann ich auch nichts ändern. Die meisten versuchen diese umzupolen, was Unsinn ist. Es funktioniert nicht. Der Film kann noch so grausam sein oder fürchterlich, belastend oder schwierig. Somit muss ich mein Sosein ändern, damit die Leinwand etwas anderes widerspiegeln kann. Auf der Leinwand sehe ich den Film. Das Leben ist wie ein Film. Es gibt das im Außen wieder, was ich innerlich bin. Wenn ich einen Kürbis pflanze, kann ich keine Tomatenernte erwarten und wenn ich Wasser in einen Krug leere, werde ich keinen Wein trinken können. Zusammengefasst bedeutet das: Wenn ich etwas sehe, was mir nicht gefällt, also etwas erlebe, was schwierig erscheint, muss ich nicht die Lebensumstände ändern, sondern das, was dafür verantwortlich ist. Sozusagen muss ich das Pferd von vorne aufsatteln, weil es das Innen ist, das sich nach außen kehrt. Wenn wir der Meinung sind, dass hinten vorne ist, können wir kein zufriedenstellendes Ergebnis erwarten.

Es gibt Momente, wo ich als Ich, also als das Weltliche, genieße. Ist das falsch? Muss ich meinen Verstand komplett aufgeben, um glücklich zu sein?

Da wurde etwas noch nicht richtig verstanden. Glaubst du, dass das Selbst, das Weltliche nicht genießt? Das Selbst ist der Genuss, es ist das Weltliche und gleichzeitig ist es im Weltlichen nicht mehr verstrickt. Gott ist ja in allem. Er durchdringt alles und ist gleichzeitig Materie und Geist. Das scheint ein Widerspruch zu sein, weil es nur Geist gibt. Das ist richtig, denn Materie erscheint. Trotzdem ist das All-Eine nicht nur Geist, sondern auch die Erscheinungen, zumindest ist es dafür verantwortlich. Geist ist die Grundlage der Erscheinungen, somit sind sie Eins. Es geht nicht darum, der Welt zu entsagen, sondern sich nicht mit ihr zu identifizieren. Das Ich ist ja an die Welt gebunden. Das Selbst ist frei. Also geht es darum, sich von Bindungen, Verstrickungen und Anhaftungen zu lösen. Ist das geschehen, ändert sich das Leben auf eine besondere Art und Weise. Es wird noch schöner und intensiver, aber man betrachtet es nicht mehr als Wirklichkeit, sondern als etwas Vorübergehendes, das keinen Bestand hat. Man sieht nach wie vor das Leid der Welt, hat aber das eigene Leiden hinter sich gelassen. Wenn man sich nicht mehr auf die Dinge bezieht, sondern sie geschehen lässt, ist alles gut. Klingt das nicht wunderbar?

Was ist ein Problem?

Ein Problem ist, wenn der Verstand eine Situation als unlösbar erachtet. Wenn etwas geschieht, das uns nicht in den Kram passt und nicht unseren Vorstellungen entspricht, wird die unerwünschte Situation automatisch zum Problem. Das Ich will es anders haben und weiß nicht, was es tun kann, um eine Veränderung herbeizuführen. Das Ich degradiert alles zum Problem, wenn es nicht damit einverstanden ist. Leben geschieht aber nicht, um damit einverstanden zu sein, sondern als Täuschung durchschaut zu werden.

Kann man sagen, je mehr ich erwache, desto weniger Probleme habe ich?

Ja. Bewusstsein kennt keine Probleme. Und selbst das Ich hat keine. Es erschafft sie aufgrund von Unwissenheit über das Selbst, weil es sich schwertut, sich mit den Gegebenheiten zu arrangieren. Es lehnt sie ab und will ändern, was das eigentliche Problem darstellt und ist. Natürlich gibt es Situationen, die schwierig sind. Doch dagegenzusteuern, ändert nichts daran, macht die Sache auch nicht leichter. In der einen Wirklichkeit gibt es überhaupt gar keine Probleme. Es gibt nur Situationen, Ereignisse und Umstände, der Verstand aber bewertet das. Er sagt: Das ist angenehm, das ist unangenehm, das ist groß, das ist klein, das ist leicht und das ist schwierig.

Ich sehe die Welt positiv, bin optimistisch, werde aber gemobbt, beleidigt und ständig verletzt. Woher kommt das?

Die Fragen gehen immer vom Fragenden aus. Er steht im Mittelpunkt. Nehmen wir uns einmal zurück und stellen wir das Leben oder die, die wir als Feinde betrachten, in den Mittelpunkt. Warum verhalten sie sich so? Warum gestaltet sich das Leben so? Was hat es mit uns zu tun? Es muss ja etwas mit uns zu tun haben, wenn es uns betrifft. Und da es uns betrifft, fühlen wir uns betroffen, angegriffen. So sollten wir uns unbedingt die Frage stellen, was wir damit zu tun haben oder ob es an uns liegen könnte. Habe ich in Gedanken noch nie jemanden beleidigt oder verletzt? Alles, was ich aussende, kommt zu mir zurück. Eigentlich begegne ich immer nur mir selbst. Warum das so ist? Weil ich meine Sicht der Dinge erlebe. Ich sehe die Dinge nicht so, wie sie sind, sondern so, wie ich sie wahrnehme, interpretiere und glaube. Meine Interpretationen sind von meiner Ausrichtung und meinem Sosein abhängig. Somit ist alles, was geschieht, ein Spiegel meiner selbst. Die Frage, um die es hier geht, kommt aus der Ich-Perspektive, die sich immer als Opfer wahrnimmt und meistens darauf beharrt, recht zu behalten. Ich werde angegriffen. Man tut mir unrecht. Warum sind alle so ungerecht zu mir? Bin ich wirklich so arm oder habe ich noch nicht entdeckt, wie verletzlich, korrupt, exzentrisch, rechthaberisch und bestimmend mein Ich ist? Alle Ichs sind so, das liegt in ihrer Natur. Und es ist nicht schlecht, so zu sein. Schlecht ist es aber, wenn wir das ignorieren und in die Opferrolle schlüpfen, anstatt unser

Schöpfer-Dasein nach außen zu kehren. Wenn wir die Natur des Ichs nicht erkennen und es versäumen, all die Missverständnisse und Irrtümer aufzudecken, werden wir immer ein Opfer sein. Ich habe mich entschieden, Schöpfer zu sein, weil das wesentlich angenehmer und erfüllender ist.

Sind Gedanken das Werkzeug des Ichs und welche Auswirkungen haben negative Gedanken?

Ja. Gedanken sind ein Werkzeug, das sehr hilfreich ist und das man geschickt einsetzen kann. Du bist, was du denkst. Diesen Spruch kennen wir alle. Stets positiv zu denken, ist auch nicht die Lösung, da das Positive auch nur eine Seite einer Medaille ist. Ganz gleich, ob ich positiv oder negativ denke, beides schafft Karma. Wir sollten uns um die goldene Mitte bemühen, ein Sowohl-Als-Auch akzeptieren und die Dinge wertungsfrei betrachten. Ich muss etwas weder gut noch schlecht finden, ich kann es einfach so sein lassen, ohne einen Kommentar abzugeben, ohne darüber nachzudenken, es zu bewerten oder zu kritisieren. Natürlich ist positives Denken besser als negatives, dennoch ist es eine Seite der Waagschale. Legt man auf eine etwas hinauf, zieht es die andere hinunter. Umgekehrt verhält es sich genauso. Wenn ich also weder links noch rechts gehe, sondern in der Mitte bleibe, wäre das nicht der beste Weg?

Wenn wir eine bestimmte Wirkung nicht mehr erleben wollen, sollten wir die Ursache nicht mehr nähren und unbedingt hinschauen, was wir verbessern können. Unsere individuelle Realität entsteht innen und tritt außen in Erscheinung. Wenn wir wollen, dass die Welt lächelt, müssen wir sie zuerst anlächeln. Was für ein wunderbarer Gedanke. Alle finden diesen Satz schön, aber wer lebt ihn? Auch ein Spiegelbild kann nur lächeln, wenn wir lächeln. Das Spiegelbild hat gar keine andere Wahl, als zu lächeln. So wie das Leben keine andere Wahl hat, genauso zu sein, wie es jetzt ist, weil es ein Spiegelbild unserer Seele ist. Wir haben die Wahl, jederzeit etwas zu ändern. Sobald wir beginnen, uns um unser Innenleben zu kümmern, ist die Änderung bereits im Vollzug, ohne etwas Konkretes getan zu haben. Wir überschätzen die Wirkungen unseres Tuns und unterschätzen die Wirkungen unseres Seins.

Wenn Menschen um mich herum das Glas immer nur halb leer sehen, anstatt voll, hat dieser Pessimismus auch etwas mit mir zu tun?

Alles hat mit uns selbst zu tun, sonst würden wir damit ja nicht konfrontiert werden. Wenn wir einfach nur feststellen, dass jemand etwas anders sieht, nämlich so sieht, wie er es sieht, ist die Welt in Ordnung. Es gibt nichts zu sagen, nichts zu tun, wenn wir uns heraushalten. Ob das Glas halb voll oder halb leer ist, ist eine Frage der Sicht. Es spielt dennoch keine Rolle, wie es von jemand anderem wahrgenommen wird, wenn ich mich nicht daran störe. Ist jemand anders pessimistisch eingestellt, dann frage ich mich, ob ich das auch schon einmal war und ob ich dem anderen nicht die Möglichkeit geben möchte, diesen Pessimismus zu leben? Warum darf er nicht so sein? Stört es mich, zieht es mich runter? Wenn ich in meiner Mitte bleibe, ist es einfach, wie es ist und ich habe damit nichts zu tun.

Wie entlasse ich den Urteilenden in mir? Wie gehe ich mit Urteilen anderer um?

Ich habe Verständnis für ihn, weil ich weiß, dass er es nicht besser kann. Ich helfe ihm nicht mit meiner Verurteilung, denn er hat genug mit sich selbst zu tun. Und da jedes Urteil ein Samen ist, der eines Tages geerntet wird, also ein Bumerang, der zu einem zurückkehren wird, ist er damit ja bedient. Wer Schlechtes sät, wird Schlechtes ernten und wer Gutes sät, Gutes. Ich muss der schlechten Saat nicht noch etwas Liebloses hinzufügen.

Ich kann meinem Gegenüber meine ganze Liebe geben und ihn respektieren. Man kann unfreundliche Menschen genauso lieben wie die freundlichen, es liegt allein an uns. Und dazu braucht es lediglich die Entscheidung, sein Verhalten zu verändern. Wenn wir den Beurteiler in uns entlassen, werden wir auch immer weniger Verurteilenden begegnen. Das habe ich über Jahre hinweg mit Spannung beobachten dürfen. Wenn keiner da ist, der etwas bewertet, sondern nur wahrnimmt, was ist dann? Nichts. Dann ist nichts mehr besser, größer, kleiner, wichtiger oder schöner, alles entspricht nur der eigenen Gesinnung, die jeder jederzeit ändern kann.

Viele orientieren sich ja an den Bewertungen anderer, wie geht man damit um?

Wir reden immer von den anderen. Wie machen wir es? Wie gehen wir damit um? Sind wir auch ein Teil dieser vielen, oder glauben wir, dass wir besser sind?

Grundsätzlich gilt, sich mit Bewertungen nicht zu identifizieren. Am besten ist es, gar nicht darauf einzugehen und keinen Bezug dazu zu nehmen. Wenn mich jemand als Idiot bezeichnet, bin ich deshalb ja nicht dümmer geworden. Es hat sich an mir ja nichts verändert, also habe ich damit auch nichts zu tun. Es hat dann etwas mit mir zu tun, wenn ich mich persönlich betroffen fühle. Persönliche Betroffenheit ist der Auslöser für Unwohlsein und Missstimmung. Es gibt keine Bewertung, die es schafft, auf etwas Einfluss zu nehmen, wenn wir es nicht zulassen. Wenn man mich lobt, dann freue ich mich. Aber auch das Lob ändert nichts an meiner Situation oder meinem Leben. Wie wunderschön, wenn man sich freuen kann. Allein die Vorstellung, sich über Kritik zu freuen, lässt mich schmunzeln. Warum etwas ablehnen oder befürworten, wenn doch alles nur von meiner Form der Wahrnehmung abhängig ist? Wir können für jede Kritik dankbar sein, da wir durch sie erkennen können, wo wir stehen. Bleiben wir in unserer Mitte, oder sind wir zu Tode betrübt? Ich sehe das als eine Art Prüfung. Ich denke mir immer, dass ich von Gott durch irgendeine Person geprüft werde, wo ich stehe. Egal wie ich reagiere, ich bin einfach nur dankbar, dass er mich erstens nicht vergessen hat und zweitens, dass ich dadurch an mich selbst, mein Selbst, erinnert werde. Wenn man das aus diesem Blickwinkel betrachtet, bekommt das Leben eine ganz andere Qualität.

Wenn andere Probleme und Sorgen haben, kann ich gut helfen, nur mir selbst nicht. Warum ist das so?

Früher habe ich in meinen Seminaren ein wunderbares Beispiel verwendet, das viele meiner Teilnehmer sehr geschätzt haben. Ich sagte immer, ein jeder könnte eine Problemtauschzentrale eröffnen. Ich gebe dir meine Probleme und du löst sie und gibst mir dafür deine Probleme, die ich für dich lösen kann. Es wäre deswegen so einfach, weil man emotional nicht feststeckt. Ein Problem ist eine Situation, der gegenüber wir einen Widerstand hegen. Das hatten wir schon. Wenn wir mit etwas nicht klarkommen, löst dies unangenehme Gefühle aus. Außerdem fühlen wir uns persönlich angegriffen und betroffen. Für den, der mit der Situation gar nichts zu tun hat, ist es ein Leichtes, sie mit Abstand zu betrachten. Das wäre auch eine Lösung für unsere Probleme, nämlich auf Abstand zu gehen. Das ist nicht immer so leicht zu handhaben, aber es ist ja auch noch kein Meister vom Himmel gefallen. Wenn das Ich etwas ablehnt, kreiert es ein Problem. Wenn das Ich sich in Gedanken verliert, erschafft es Sorgen. Wenn wir das nicht nur wissen, sondern auch realisiert haben, erledigt sich die Frage nach dem Warum ganz von selbst.

Was heißt es, eine Wahl zu haben?

Unser Leben haben wir nicht gewählt. Plötzlich waren wir da. Wir haben die Wahl, Entscheidungen zu treffen. Dennoch muss uns bewusst werden, dass es eigentlich keine persönlichen Entscheidungen gibt. Sobald ich eine Entscheidung treffe, tue ich das, was mir entspricht. Und da ich nur meiner Entsprechung nach handeln kann, gibt es keine richtigen und falschen Entscheidungen, sondern nur die entsprechende. Mensch denkt, Gott lenkt. Das wissen wir. Aber was hat es damit auf sich? Dazu müssen wir uns fragen, wie es überhaupt zu einer Entscheidung kommt. Was veranlasst uns dazu, dies oder das zu tun? Wenn plötzlich eine Idee in uns aufflammt, was wir tun werden, woher kommt sie? Aus dem Gehirn? Über den Verstand? Aus dem Herzen? Vom Bewusstsein? Vom Geist? Aus dem Nichts? So wie wir nicht selbstständig atmen können, können wir auch selbstständig keine Entscheidung treffen. Unser Handeln ist sehr begrenzt. Wir werden geatmet, so wie unser ganzes Dasein in gewisse Bahnen gelenkt wird. Das ist allerdings keine Fremdbestimmung, sondern vieles ist aufgrund von früheren Leben notwendig. Veranlagung sind Kräfte, die in eine gewisse Richtung tendieren. Wenn wir eine Entscheidung treffen, muss der Impuls ja schon da gewesen sein, weil die Entscheidung selbst nur die Fortsetzung eines Impulses ist, der im Unsichtbaren bereits vorhanden sein muss. Warum wir über solche Fragen nicht nachdenken? Ist es Denkfaulheit, Desinteresse oder Ignoranz? Wenn wir wirklich eine uneingeschränkte Wahl hätten, so wie wir es uns vorstellen, warum laufen dann so viele Sachen schief? Haben wir gewählt, pleite zu sein? Haben wir gewählt, dass uns der Partner verlässt? Haben wir gewählt, krank zu sein? Wir scheinen keinen Einfluss darauf zu haben und doch sprechen wir von einem freien Willen. Die freie Wahl entschlossen nach außen zu tragen, sich klar auszudrücken und diese Option zu vertreten, ist wichtig, weil sie dem Leben zeigt, was wir wollen. Ob dadurch das geschieht, was wir uns vorgestellt haben, liegt nicht in unserer Macht. Dennoch sollten wir so tun, als ob wir einen freien Willen hätten, mit dem wir alles erreichen können. Wer so lebt, gibt sein Bestes und wer sein Bestes gibt, wird vom Leben nicht enttäuscht werden.

Immer wieder tauchen innere Bilder auf, die eine gewisse Macht auf mich ausüben. Wie löse ich diese auf?

Also wieder die beiden Wege. Als Ich habe ich diese Bilder, Bewusstsein hat keine Bilder. Das sind Prägungen des Ichs, das sich hat beeindrucken lassen und diese Erinnerungen beschäftigen mich heute noch. Ungelöste Energien, ungelöste Aufgaben sind damit verbunden. Sie tauchen immer mal wieder auf. Als Ich sollte ich lernen, damit umzugehen und sie als Aufgabe zu erkennen. Durch das Durchleben können sich diese alten Prägungen lösen. Das heißt: Ich gehe noch mal rein in die Situation, erlebe sie mit meinem heutigen Bewusstsein und so kann sich die Energie auflösen und die damit verbundenen Bilder verschwinden. Wenn ich auf ungelöste Aufgaben noch einmal ganz bewusst meine Aufmerksamkeit richte und mich damit beschäftige, kann ich ihnen eine neue Bedeutung und eine neue Farbe verleihen. Diese muss nicht trist sein, sondern durchaus auch bunt. Oder ich schlüpfe gleich direkt in die Rolle des Beobachters und erlebe mich als erwachtes Sein. Und da ist kein Bild, da ist nur das Jetzt und die Wahrnehmung des Lebens.

Ich merke, wenn ich mich schlecht fühle, bin ich wieder aus meiner Mitte gerutscht. Sind Stimmungsschwankungen, Depressionen oder Traurigkeit ein Hinweis dafür, dass wir nicht bei uns sind?

Definitiv. Das Selbst oder der Geist können sich nicht schlecht fühlen. Eigentlich ist dieses Gefühl eine liebevolle Aufforderung vom Leben, wieder in meine Mitte zurückzukehren. So gehe ich erneut in die Wahrnehmung und lasse den Verstand Verstand sein. Depressionen sind ein Zeichen dafür, dass die Seele verkümmert. Wer sich von sich selbst entfernt, wird das psychisch und irgendwann auch körperlich spüren. Das ist nicht schlecht, wie sonst sollten wir bemerken, dass wir etwas tun müssen? Wir werden aufgefordert, den Blick nach innen zu richten, anstatt uns im Außen zu verlieren. Immer und immer wieder werden wir darauf hingewiesen. Aber verstehen wir die Botschaften auch? Viele Krisen sind kollektiv. Da wir alle eins sind und nicht voneinander getrennt existieren, spüren wir die ganze Negativität und vor allem die Veränderungen, die uns alle betreffen. Dann sollten wir bei uns bleiben, an uns arbeiten, wachsen und reifen, damit wir uns von dem, was uns bedrückt, distanzieren können.

Ich liebe es, zu lernen, zu lesen und zu wachsen. Lernt man mehr, wenn man sich mit seinem Sein verbindet?

Wer mit dem Herzen liest, liest richtig. Man kann auch mit dem Verstand lesen, dann läuft man Gefahr, auf der rationalen Ebene stehen zu bleiben. Wichtig ist es, die Energie zu spüren, die Worte transportieren. Wir sollten nicht versuchen, etwas zu verstehen, da der, der es verstehen möchte, ohnehin nicht existiert. Es ist nicht ganz richtig ausgedrückt, dass man viel lernt, wenn man nach innen geht. Wir verknüpfen das Lernen meist mit Wissen. Vieles müssen wir verlernen, wenn wir zu uns selbst zurückfinden wollen. Anstatt des Wortes Lernen würde ich gerne den Begriff Erfahren verwenden. Wer sich auf die spirituelle Reise in seine Seelenlandschaft begibt, sammelt Erfahrungen und bekommt unendlich viele Einsichten. Wir erkennen, was nicht mehr zu uns passt oder niemals zu uns gehört hat und auf letzter Instanz realisieren wir das, was wir nie waren oder sein können. Der Weg zum Selbst ist kein Weg des Lernens, sondern des Einsehens. Man blickt in sich hinein und erkennt, dass das da draußen nicht die Heimat sein kann.

Wenn ich ständig »online« bin, brauche ich dann noch Wissen?

Es gibt weltliches Wissen und es gibt ein universelles Wissen. Das dürfen wir nicht verwechseln. Wenn wir von Wissen sprechen, meinen wir meistens das weltliche. Das universelle Wissen umfasst alles, das weltliche Wissen hingegen ist sehr begrenzt. Der Verstand und das Ich sind nur in der Lage, auf weltliches Wissen zurückzugreifen. Deshalb ist das Denken fehleranfällig und in ihm wimmelt es gleich so vor Missverständnissen. Jeder versteht alles anders, sieht alles anders und interpretiert alles anders. Somit trägt jeder sein eigenes Weltbild im Kopf spazieren und tut so, als wäre es richtig. Außerdem bilden wir uns ein, alles zu verstehen. Wir verstehen ja nicht einmal uns selbst, geschweige die Welt, was wollen wir also begreifen? Es ist sicher von Vorteil, wenn man sein Bewusstsein nicht mit Wissen vollstopft. Wissen ist förderlich und hilfreich, aber es sollte auf keinen Fall überbewertet werden. Wie lange der Nil ist und wie viele Einwohner New York hat, kann man wissen, muss man aber nicht. Die längsten Flüsse der Welt und die höchsten Gebirge sieht man sich lieber vor Ort an, anstatt sich deren Eckdaten zu merken. In der Schule wurde uns Wissen vermittelt, im Leben geht es um Wahrnehmen und Erkennen.

Kann man willentlich aufhören zu denken?

Natürlich kann ich mich jetzt dazu entscheiden, nichts zu denken. Würde es funktionieren, stellt sich die Frage, wie lange dieser Zustand anhalten würde? Gedankenstille ist nicht das Ziel, sondern es geht, wie bereits gesagt, darum, sich mit den Gedanken nicht zu identifizieren. Außerdem sind nicht wir es, die denken, sondern unser Erfahrungsinstrument.

Wie gehe ich mit meinen Gedanken um?

Als wären sie etwas Externes, als würden sie nicht zu uns gehören. Auch hier gilt das Zauberwort Beobachten. Wir können Gedanken beobachten, ohne dass wir uns auf sie einlassen, ohne dass wir uns betroffen fühlen, ohne dass sie uns beeindrucken, ohne dass wir weitere Gedanken hinzufügen und ohne dass wir sie festhalten. Zum Zauberwort Beobachten gibt es ein schönes Bild: Stellen wir uns vor, dass wir die Mutter des Verstandes sind. Der Verstand ist also unser Kind. Wir haben viele Gedanken, als auch viele Kinder. Wir schauen den Kindern beim Spielen zu, sehen nach, was sie gerade machen. Die Mutter verscheucht ihre Kinder nicht, oder? Wie eine liebevolle Mutter sorgen wir uns liebevoll. Wenn Kinder streiten, kann es schon vorkommen, dass die Mutter eingreifen muss. Ansonsten lässt sie die Kinder spielen, herumalbern oder herumtollen. Lassen wir den Verstand denken, was er will und widmen wir uns ganz unseren Aufgaben. Die Gedanken gehören uns nicht. Es sind auch nicht die unsrigen.

Was ist Intuition?

Intuition ist die innere Stimme. Man könnte es mit dem Dialog in den Büchern von Neal Donald Walsch »Gespräche mit Gott« vergleichen. Es ist die Erfahrung, die das Ich macht, wenn es unversehens »online« geht und sich für sein eigentliches Sein öffnet. Oft denkt es sofort wieder über etwas nach, sodass die Leitung wieder unterbrochen wird und die Intuition endet. Intuitive Wahrnehmungen sind glückliche Momente, in denen man sich selbst ganz nah sein darf. Wir warten immer darauf, dass uns jemand lenkt und leitet, dass die universelle Kraft uns Anleitungen gibt. Das geschieht ständig. Lüften wir den Schleier des Vergessens und entdecken wir, dass Intuition unsere eigentliche Sprache ist.

Wann habe ich keine Fragen mehr?

Wenn du mir jetzt keine mehr stellst? Scherz beiseite. Fragen kommen immer, weil der Verstand unaufhaltsam im Einsatz ist. Das Selbst, der Geist, stellt keine Fragen, weil er unsichtbar anwesend ist. Wer Fragen beantwortet haben will, folgt dem Spiel des Egos. Es ist berechtigt, Fragen zu stellen, aber man muss sich bewusst sein, dass Antworten nicht weiterhelfen, weil sie nur das Ich erreichen. Wenn eine Person Fragen stellt und die Antworten von ihr aufgenommen werden, bleiben sie auf der Persönlichkeitsebene stecken. Wollen wir über sie hinausgehen, können wir Fragen stellen, sollten aber keine direkte Antwort erhoffen. Wir stellen die Frage also in den Raum, ohne etwas zu erwarten. Das kann laut passieren oder in uns still und leise. Irgendwann wird uns die Antwort ereilen. Wie wir bereits gehört haben, kann dies über eine alltägliche Situation, über einen Zeitungsartikel oder sogar übers Radio geschehen. Es gibt unzählige Möglichkeiten, wie eine Antwort zu uns finden kann. Der Ideenreichtum des Lebens ist unerschöpflich. Demnach sollten wir nicht auf eine Antwort warten, sondern sie dann erkennen und annehmen, wenn sie da ist. Sie kommt durch irgendetwas zu uns, und wenn wir dafür offen sind, werden wir sie hören, sehen, lesen ... mit einem Wort: erkennen. Erkennen geschieht nicht mit den Ohren oder den Augen, sondern mit dem Herzen.

Folgende Fragen zu diesem Kapitel sind entstanden:

Gedanken, die ich mir über dieses Kapitel gemacht habe (Sind Widerstände entstanden oder ist ein Unverständnis hochgekommen?):

Dies sind meine nächsten Schritte:

BESTELLSERVICE

Was ist eine Ursache?

Jeder Gedanke, jedes Gefühl, jede Überzeugung kommt als entsprechendes Ereignis zu uns zurück. Das heißt, jeder Gedanke, jedes Gefühl, jede Überzeugung ist eine Ursache und nimmt Einfluss auf unser Leben. So sollten wir auf unsere Gedanken achten, positive Gefühle pflegen, gute Überzeugungen hegen und vor allem Worte und Handlungen gut überlegen. Jede Handlung hat ebenfalls eine Auswirkung auf unseren Alltag. Aber nicht nur das, was wir tun, auch das, was wir nicht tun, sind Ursachen, denen immer etwas nachfolgen muss. Achtsamkeit sollte großgeschrieben werden. Wir selbst sind also die Beschwerdestelle, an die wir uns richten können, wenn etwas schiefläuft, weil es nicht unseren Vorstellungen entspricht. Es ist wichtig zu wissen, dass auch Ursachen von vergangenen Leben und früheren Zeiten zum Tragen kommen. Wir säen ständig Samen, die wir früher oder später ernten werden. Ich hüte mich, unbedacht neue Samen zu säen. Deshalb überprüfe ich meine Gefühle, Gedanken und Handlungen und wähle Worte sehr bedacht aus.

Was kann ich tun, um vom Mangel in die Fülle zu kommen?

Der erste Schritt, der unverzichtbar ist, ist, sich bewusst zu machen, wer in die Fülle kommen will. Die Frage lautet: Wer will etwas bestellen und wozu? Das Ego hat nur begrenzte Bestellmöglichkeiten. Das Selbst hingegen bestellt nicht mehr, es ist alles und hat keine Wünsche mehr. Es schöpft aus sich selbst und ist die Fülle. Das Ich will etwas werden, was es eigentlich schon ist. Noch ist es ihm nicht bewusst. Der Tag kommt bei uns allen, an dem wir alle Missverständnisse entlarvt haben. Das Ich glaubt, ein Ich zu sein. In Wahrheit ist es aber nur die Hülle des Selbst. Für das Ego ist es wichtig, irgendwohin zu gelangen oder etwas zu erreichen, ganz gleich, ob es um materielle oder spirituelle Ziele geht. Auch ist es dem Ich immer sehr wichtig, was die anderen von ihm denken oder sagen. Durchschauen wir das Wichtige als unwichtig und erkennen wir, dass das Selbst das einzig Bedeutsame ist.

Sind Wünsche also persönlicher Natur, dass man zum Beispiel etwas erreichen will oder Geld haben möchte?

Ja, so ist es. Auch Geld ist Energie. Wenn ich wenig Geld habe, bedeutet das aber nicht, dass bei mir etwas schiefgelaufen ist. Es bedeutet nur, dass für mich im Moment nichts anderes vorgesehen ist. Mit der Ist-Situation muss ich nicht einverstanden sein. Sie ist immer so, wie sie sein muss, sie muss also mir entsprechen. Sie entspricht meinem Sosein. Die Ist-Situation ist unwandelbar, weil jede Sekunde eine neue Ist-Situation darstellt. Würden wir die momentane Situation dem Heute zuteilen und über die Zukunft sprechen, dann wäre alles wandelbar. Wir teilen das Leben in gestern, heute und morgen ein. Aber auch morgen wird jetzt sein, weil außer dem Jetzt nichts existiert. Jeder Mangel kann sich jederzeit ändern, so wie sich jeder Augenblick anders zeigt. Es gibt viele Möglichkeiten und Chancen, die unbemerkt an uns vorüberziehen. Wir bemerken sie nicht, weil wir zu sehr in unseren Überlegungen leben und mit verbissener Anstrengung nach etwas suchen, anstatt im Augenblick zu sein. Wir verbeißen uns in Wünschen, im Wollen und in genauen Vorstellungen, anstatt die Aufmerksamkeit auf Chancen zu richten. Im Kopf nach Chancen zu suchen, ist nicht dasselbe als sich für Chancen zu öffnen.

Jeder Mensch sehnt sich nach Wohlstand und will ihn erlangen. Was könnte uns dabei unterstützen?

Es gibt immer etwas, das Wohlstand verhindert. Wohlstand bezieht sich aber nicht unbedingt auf Besitz, sondern auf unsere Gesamtverfassung. Alles steht mir zum Wohl, und das, was ich jetzt erlebe, ist mir zum Wohl. Man könnte sich fragen, wie mir eine Pleite oder Krankheit zum Wohle sein kann? Mir ist ja nicht wohl damit. Das mag sein, aber das Wohl-Sein bezieht sich nicht auf das, was wir uns vorstellen, empfinden oder als richtig erachten, sondern darauf, was unsere Entsprechung ist. Wenn ich mich im Leben in Ideen verrenne und sehr unbewusst lebe, könnte es sein, dass etwas geschieht, was mich zurechtrücken will. Ein Fingerzeig vom Leben könnte ein Schicksalsschlag, eine gravierende Veränderung oder auch eine Krankheit sein. Viele Menschen erzählen davon, dass sie sich nach einer schweren Krankheit völlig verändert haben und dankbar dafür sind. In dem Moment, wo ich das erlebe, ist es mir meistens nicht möglich, das zu erkennen. Erst später wird mir einleuchten, dass es notwendig war, dass das Leben die Handbremse gezogen hat. Dafür kann ich dankbar sein.

Unser Gesamtwohl wirkt auf die ganze Welt ein, und so wie wir wirken, so kommt es zu uns zurück. Wir strahlen etwas aus und es kann sich nur das zurückspiegeln, was uns entspricht. Ganz gleich ob Wohl oder Unwohl, beides ist mein Wohl, zu meinem Wohl. Vieles hilft mir, um wieder in meine Mitte zu gelangen. Gerade die Dinge, die wir ablehnen, sind es, die uns dazu auffordern, uns wieder zu besinnen. Wäre alles immer im Lot und alles Friede, Freude, Eierkuchen, würden wir uns nicht um unsere eigentliche Aufgabe kümmern, nämlich das Selbst in uns zu entdecken. Etwas ist ja nur deshalb aus dem Lot, weil wir aus unserer Mitte gerückt sind. Das Leben folgt unseren Anweisungen, auch wenn wir uns dessen nicht bewusst sind.

Man sagt, dass man beim Leben alles bestellen kann, was man sich erträumt, auch Geld. Ist das richtig?

Rein theoretisch ja, aber macht es Sinn, alles zu erreichen? Ist es nicht besser, das zu erreichen, was für einen bestimmt ist und einem entspricht? Der Mensch gibt sich tatsächlich mit ein bisschen Geld zufrieden, wo er doch alles haben kann. Und warum machen ihn ein paar Scheine glücklicher als innere Befreiung? Weil er sich in den Zustand der Befreiung nicht hineinversetzen und sich ihn nicht vorstellen kann. Nehmen wir an, ich gebe dir zwei Koffer in die Hand. Einer ist aus Plexiglas, in dem sich lauter Hunderternoten befinden. Der Koffer ist also vollgepackt mit Geld. Man sieht nicht, was im zweiten Koffer ist. Die meisten würden sich für den transparenten Koffer entscheiden. Der andere Koffer ist aus Aluminium. Er schafft es nicht, dein Interesse zu wecken. Rein theoretisch könnten sich in diesem Koffer lauter Tausendernoten stapeln. Wie sollen wir also wissen, welcher Reichtum uns erwartet, wenn wir uns für die Entdeckung des großen Selbst entscheiden, anstatt unsere Zeit mit belanglosen Dingen zu vergeuden?

Der Mensch hat viele Wünsche. Fragen wir uns einmal, warum wir dies oder das erreichen wollen. Aus welchem Grund jage ich ein Leben lang Wünschen hinterher, statt mich diesem Augenblick zu widmen? Die Erfüllung liegt im Augenblick und nicht im Wunsch. Der Glanz der Welt ist verlockend, aber er wirkt matt gegen den Glanz der höchsten Wirklichkeit. Ein Wunsch zeugt von Mangeldenken. Mir kann nur etwas fehlen, wenn ich das Gefühl habe, dass es mir an etwas mangelt. Wenn ich für all das, was ich besitze, dankbar bin, habe ich eigentlich gar nicht die Zeit dazu, etwas zu finden, was mir fehlen könnte. Wir besitzen so viel mehr, als uns bewusst ist: ein Dach über dem Kopf, ein warmes Bett, genügend Nahrung und Kleidung, gute Beziehungen, Arbeit, um unseren Lebensunterhalt zu bestreiten, Gesundheit und vieles mehr. Vielleicht fällt mir jetzt sofort das auf, was du nicht hast. Und das ist das eigentliche Problem des Ichs, dass es immer sofort auf das Negative, Mangelnde oder Fehlende blickt, anstatt das Gute zu sehen. Haben wir vom Leben zu viele Geschenke erhalten, sodass die Dankbarkeit dadurch verdrängt worden ist? Wir brauchen nichts, da wir schon alles haben. Entfernen wir uns nicht von uns selbst. Wenn ich hier bei mir bin und bleibe, wird das Leben viel harmonischer und einfacher.

Ich habe mir einmal ein Experiment erlaubt und bei einem Seminar etwas ausprobiert. Da mir immer wieder Fragen zum Thema Geld gestellt worden sind, habe ich mir etwas einfallen lassen. Ich habe einen 50-Euro-Schein genommen, habe ihn nass gemacht und anschließend in Erde gewälzt. Dann habe ich ihn so gut ich konnte zusammengeknüllt und bin zum Schluss auch noch mit meinen Schuhen darauf herumgestampft. Der

Schein sah ziemlich mitgenommen aus. Ich trug ihn noch nicht lange in meiner Hosentasche, schon kam die Frage auf, wie man Reichtum erlangen kann. Ich erklärte das Übliche: durch Sparen, viel Arbeit, ein Wunder, das richtige Karma oder indem man es sich schenken lässt. Alle Teilnehmer sind in lautes Gelächter ausgebrochen. Ich glaube, sie haben diese Aussage nicht besonders ernst genommen. Ich ging auf den Mann zu, der mir die Frage gestellt hatte. Ich griff in meine Hosentasche und begann damit, den Geldschein in seine gewohnte Form zu bringen und ihn so gut es ging zu glätten. Ich muss sagen, er sah wirklich ziemlich übel aus. Nun streckte ich dem Mann den Schein entgegen und fragte ihn, ob ich ihm diesen schenken dürfte. Ich würde gerne der Erste sein, der seinen Reichtum bewusst vorantreibt. Er strahlte über das ganze Gesicht und hatte große Freude. Er konnte es kaum glauben, etwas geschenkt zu bekommen. Der Betrag war immerhin fast die Hälfte der Kosten, die er für das Tagesseminar bezahlt hatte. Vielleicht spielte es auch eine Rolle, dass ich es war, der ihm Geld anbot. Ihm war natürlich völlig egal, in welchem Zustand der Geldschein war, er hatte ja an Wert nicht verloren. Außerdem habe ich mich gefragt: Wenn ich dem Mann zwei Äpfel angeboten hätte und einer davon faul gewesen wäre, welchen er wohl genommen hätte.

Wir sehen also, dass uns nur der Wert von Geld Freude bereitet und in Folge der Gedanke daran, was wir uns damit leisten können. Nicht der Wert an sich ist interessant, sondern die Emotion, die mit der Wunscherfüllung einhergeht. Erreichen, Sammeln, Besitzen, Aneignen, Horten, Zusammentragen ... all das scheint uns in Euphorie zu versetzen und uns zumindest vorübergehend glücklich zu machen. Wer gibt dem Geld den Wert? Und hat es aus sich heraus einen Wert? Es mag schon sein, dass man sich für unterschiedliche Scheine unterschiedliche Produkte leisten kann. Aber in dem Moment, in dem ich einen Geldschein in den Händen halte, ist er für mich völlig wertlos. Entsteht der Wert erst dann, wenn ich damit beginne, darüber nachzudenken, was ich mit dem Geld tun werde? Eigentlich geschieht dies erst dann, wenn ich das Geld gegen etwas eintausche. Wenn ich es nur auf der Bank liegen habe, gibt es mir auch ein gutes Gefühl, dass ich in schlechten Zeiten auf etwas zurückgreifen kann. Grundsätzlich gibt es mir in dem Moment aber nichts, außer einem guten Gefühl, das durch Gedanken geschürt wird. Sage ich jemandem, dass er im Lotto gewonnen hat, wird er aus dem Häuschen sein. Nur ein Satz kann einen Menschen überglücklich oder tieftraurig machen. Dies ist deshalb möglich, weil ihm sein Gehirn etwas vorgaukelt. Die Vorstellung, was er sich mit Geld kaufen oder leisten kann, lässt seinen Gemütszustand jauchzen. Bekomme ich hingegen eine Diagnose einer schweren Krankheit gestellt, bin ich sofort verzweifelt. Aber der Moment, wo mir diese Botschaft zu Ohren kommt, unterscheidet sich nicht im Geringsten von den Momenten zuvor. Ich bin nicht kränker geworden und an meinem Befinden hat sich während einer Sekunde auch nichts verändert. Ängste schießen hoch und malen sich die schrecklichsten Szenarien aus. Diagnosen können Menschen förmlich in Schockzustände versetzen, die ein Problem entfachen, das man vorher nicht hatte. Das betrifft nicht nur die psychische Ebene, sondern auch den physischen Zustand.

Von der eigentlichen Frage etwas abgeschweift, möchte ich kurz zusammenfassen: Geld hat so wie immer nur den Wert, den wir ihm verleihen. Wenn unser Geist nicht im Mangel, sondern in der Fülle lebt, spielt es keine Rolle, ob wir viel oder wenig besitzen. In erster Linie geht es darum, sich bewusst zu werden, dass mir der Besitz nicht gehört und ich ihn nicht mitnehmen kann. Ein großer Besitz sollte allen dienen und keine persönliche Bereicherung darstellen. Ich kann das, was ich besitze, für eine gewisse Zeit nutzen, doch schlussendlich ist nichts im Leben von Bestand. Alles hat seine Zeit. Nicht nur die Dinge, sondern auch unsere Körper.

Inwieweit wirken sich Glauben, Wollen oder Überzeugungen auf das aus, was wir erreichen wollen?

Wenn wir glauben, etwas zu haben, ist das ja eine Einbildung, nur eine Illusion. Die Überzeugung ist besser, aber auch die sollte nicht vom Kopf, sondern von innen her kommen. Das Ich denkt linear. Beim Bewusstsein ist das anders. Da gibt es die Linearität der Zeit nicht, Bewusstsein lebt im Jetzt. Es ist das Jetzt. Das bezieht sich aber nicht nur auf den einen Augenblick, sondern er dehnt sich über alles gleichzeitig aus. Das Leben ist wie ein einziger Augenblick und wir sind ein Punkt im Universum. Kein Grund also, um ein einzelnes Leben so überaus wichtig zu nehmen. Es hat seinen Wert, sollte aber nicht überbewertet werden, denn alle Leben haben denselben Stellenwert.

Mein Sosein ist der Lebensfilm im Projektor, der bestimmt, was auf der Realitätsebene, auf der Leinwand der Realität, in Erscheinung tritt. Die Leinwand hat keine Entscheidungsfreiheit, der Film entscheidet. Und was in diesem Film nicht enthalten ist, kann nicht auf der Leinwand erscheinen. Umgekehrt bedeutet das, was in diesem Film enthalten ist, muss auf der Leinwand erscheinen. Alles ist möglich, wenn es dem »göttlichen Plan« entspricht. Es heißt nicht umsonst, dass der höchste Wille das Leben lenkt, nicht der persönliche. Ich kann an etwas glauben oder davon überzeugt sein. Der Glaube versetzt Berge, wenn er aus der inneren Überzeugung kommt. Unsere Einstellung beeinflusst unwillkürlich das, was wir erreichen, doch sollten wir den Fokus nicht unbedingt nur auf das Ziel richten, da uns sonst der Augenblick abhandenkommen könnte.

»Bittet und euch wird gegeben!« Heißt das, dass es als Realität in Erscheinung treten muss, weil die Realität keine Wahl hat?

Wenn wir auf persönlicher Ebene etwas erreichen wollen, sollten wir uns bewusst machen, dass sich die Leinwand nach dem Lebensfilm im Projektor richtet. Das bedeutet, dass auch die Wasseroberfläche, auf die du blickst, nur dich zeigen kann. Wenn sich das Objekt vor dem Wasser nicht ändert, wird auch sein Spiegelbild gleichbleiben. Ich muss also auf den Projektor achten, um auf die Realität Einfluss zu nehmen. Anders geht es nicht. Ist etwas Teil meines Soseins, muss es auf der Leinwand als meine erlebte Realität erscheinen. Ich habe es früher immer wie folgt gemacht: Ich bin in die Vorstellung gegangen und habe mich gleichzeitig in der Erfüllung erlebt. Ich habe also keine Luftschlösser gebaut oder Ideen durch Strategien des Gehirns erzwingen wollen. Ich habe die Endsituation genauso erlebt, als wenn sie schon eingetroffen wäre. Und zwar auf allen Ebenen! Ich bin also über den Wunsch hinausgegangen. Ich habe es mir bis ins letzte Detail bildlich ausgemalt, mit der Überzeugung, dass es bereits so ist, wobei diese Imagination mit dem wahrhaftigen Gefühl des Erfüllt-Seins und bereits In-Der-Situation-Seins einhergegangen ist.

Welche Rolle spielt Vertrauen beim Manifestieren?

Die Frage ist, was ich unter Vertrauen verstehe. Ich kann meinen Gedanken vertrauen, meinen Gefühlen oder meinem Glauben. Wahrhaftiges Vertrauen geht mit echtem Glauben einher. Man sollte nicht an etwas glauben, sondern an DAS. Dieses DAS ist das Eine, das große Ganze, das durch uns alle fließt. Ich kann von etwas überzeugt sein, weil ich mich in etwas verbissen habe. Ich kann aber auch eine Überzeugung in mir fühlen, die sich nicht erklären lässt. Sie bezieht sich also auf nichts, weder auf Gedanken noch auf Vorstellungen oder Gewohnheiten. Ich sage oft, dass ich weiß, dass etwas so ist und dann ist das keine Behauptung. Es ist kein Aufspielen des Egos, dass es das weiß oder eben alles besser weiß. Ich weiß ja selbst nicht, woher ich diese Überzeugung nehme. Es ist eine innere Gewissheit. Ich weiß einfach, dass es so ist, ohne es zu wissen. Das ist schwer in Worte zu fassen, da es hier um ein inneres Spüren, Intuition und innere Weisheit geht.

Kann alles erreicht werden?

Ja. Die Frage ist nur, ob es von Vorteil ist. Die Frage, die man sich stellen sollte, ist folgende: Warum will ich alles erreichen? Was bringt es mir und welchen Profit verspreche ich mir davon? Im Leben geht es nicht um Profit, sondern um Ankommen. Es geht nicht um Vorwärtskommen, sondern um die Rückkehr vom Ich zum Selbst. Wenn es denn wirklich einen Profit gäbe, der nennenswert wäre, dann wäre es der, sich dieser Aufgabe der Selbsterforschung zu widmen.

Wie gehe ich mit den ständig wiederkehrenden Gedanken um, die sich ständig in den Mittelpunkt stellen und sich nicht abwimmeln lassen?

Wenn der Verstand mit längst vergangenen Geschichten aufwartet, ignoriere ihn. Wenn der Verstand dir Angst einjagt, frage dich, was diese Gedanken mit dir zu tun haben. Kommt Angst auf, dann lass sie einfach sein. Beobachte die Angst und die Gedanken und überprüfe, welchen Einfluss sie auf dich nehmen, warum und wie sie auf dich wirken.

Dass der Verstand etwas bezweifelt, ist völlig normal, aber lass dich von seiner Skepsis nicht beeinflussen. Er greift ja nur auf Erinnerungen zurück. Er erinnert sich daran, wo er so etwas schon einmal gelesen, gehört oder erlebt hat. Durch dieses Gegenüberstellen oder Vergleichen wird er aktiv. Dass das alles aber nichts mit der Situation zu tun hat, weiß er nicht. Sei dir bewusst, dass der Verstand dein Freund ist und dich durchs Leben begleitet. Stelle ihn aber nicht auf einen Sockel und degradiere ihn auch nicht zu deinem Chef. Du solltest die Überhand behalten, denn es gibt nur einen Chef, und der bist du selbst.

Was versteht man unter »Erschaffen aus dem Nichts«?

Erschaffen ist der ganz natürliche Vorgang von Manifestation. Je bewusster wir leben und sind, umso produktiver erschaffen wir aus dem Nichts Dinge – und zwar ohne es zu wollen. Es passiert ganz automatisch, weil Fülle Fülle anziehen muss. Wer in der Fülle ist, wird damit belohnt werden. Ich bin dann nicht in der Fülle, wenn ich noch nicht erkannt habe, dass alles, was existiert, aus dieser Fülle heraus entsteht und von ihr am Leben erhalten wird. Es geht also nicht um die materielle Fülle, sondern um die universelle Einheit. Wer zu sich selbst erwacht, also in der eigenen natürlichen Vollkommenheit lebt, zieht damit automatisch ein entsprechendes vollkommenes Leben und vollkommene Umstände an. Ab einem gewissen Punkt jagt man Wünschen nicht mehr hinterher, sondern erfüllten Augenblicken. Auch ich habe jahrelang gerne manifestiert. Das setzt aber voraus, dass ich im Mangelbewusstsein lebe oder dass etwas nicht in Ordnung ist und in Ordnung gebracht werden muss. Wer aber will etwas in Ordnung bringen? Und warum? Warum nicht im Durcheinander des Alltags die Bestimmung der Dinge und Situationen erkennen und akzeptieren? Sag Ja zum Leben! Ganz gleich wie es sich zuträgt, sei einverstanden damit. Wenn du nicht damit einverstanden bist, ändert das auch nichts an der Situation. Das Chaos ist die Ordnung der Natur. Wer im Chaos Göttlichkeit sieht, ist wahrlich angekommen.

Wie kann ich mich dem Gefühl der Freude und Dankbarkeit annähern?

Diese Gefühle gehören zur menschlichen Grundausstattung und sind eigentlich etwas ganz Natürliches. Manche Menschen tun sich schwer damit, weil sie Fühlen an sich verlernt haben. Diese Gefühle haben auch etwas mit Hingabe zu tun und Dankbarkeit kann man ebenso wenig lernen wie Freude. Alles wird sich von selbst einstellen, je bewusster wir werden. Es kommt nicht von außen, nachdem wir etwas getan haben oder Folge geleistet haben. Dankbarkeit und Freude kommen von innen und haben etwas mit unserem Sosein zu tun.

Es geht also ums Fühlen. Hier ein kleines Beispiel mitten aus dem Leben gegriffen: Ich bestelle etwas und man sagt mir am Telefon, dass es lieferbar ist und innerhalb von drei Werktagen bei mir sein wird. Jetzt lebe ich in der Gewissheit, dass ich das Bestellte bald erhalten werde. Auch im Leben sollten wir diese Bestätigung haben, die Gewissheit, dass etwas funktioniert oder eintreten wird. Ganz in das Gefühl einzutauchen, dass es so gut wie eingetroffen oder geschehen ist, erzeugt eine Wirkung. Die Ursache ist die Gewissheit, die das Ergebnis als Wirkung präsentiert. Solange wir uns noch über das Ich definieren, kann Zielklarheit ein guter Wegweiser sein.

Braucht man noch Zielklarheit, wenn man sich von der universellen Weisheit führen lässt?

Man braucht nicht unbedingt konkrete Ziele, dies ist nur eine Form der Ausrichtung auf unserer langen Reise zu uns selbst. Natürlich kann es hilfreich sein, so wie vieles. Die Meditation ist hilfreich, solange das Ich nicht zur Ruhe kommt. Affirmationen sind wichtig, solange ich noch nicht in meine eigene Kraft gekommen bin. Imagination ist wertvoll, um sein inneres Vorstellungsvermögen zu schärfen. Solange ich noch etwas erreichen und verwirklichen will, ist die Zielklarheit ein Baustein von vielen, mit denen ich mir mein Leben errichte. Sobald ich zu mir selbst erwacht bin, wird es keine Ziele mehr geben. Das bedeutet nicht, dass mir alles gleichgültig ist, sondern dass ich in der Gewissheit lebe, dass alles seine Richtigkeit hat. Alles ist geführt und alles geschieht zu meinem Besten. Ich möchte nicht mehr das Beste, weil mir bewusst geworden ist, dass es nichts gibt, was überflüssig ist. Alles ist not-wendig. Wie es der Name schon sagt, bedarf es einer Wende in der Not. Wenn es das Leben also als nötig erachtet, wird etwas geschehen, dass es mir so unangenehm macht, dass ich mich neu orientieren muss. Ich werde sozusagen dazu gezwungen, andere Wege zu finden, als mich ausschließlich über den Verstand und das Außen zu definieren. So werden wir nach innen gelockt.

Ich fasse zusammen: Wir verursachen ständig Zukunft. Eigentlich brauchen wir auch nichts mehr zu ändern, weil immer automatisch das Beste geschieht. Auch wenn ich es nicht als das Beste erachte, so ist es für mich das Beste. Es ist maßgeschneidert und auf mich zugeschnitten. Es ist ja lediglich die Wirkung meines Soseins und das ist die Ursache für Leben.

Jetzt bin ich unsicher, ob ich meine Ziele loslassen soll?

Wenn du Ziele loslassen willst, heißt das ja, dass sie jetzt zu dir gehören. Warum in Besitz nehmen, was einem nicht gehört? Weshalb die Gegebenheiten nicht einfach annehmen und leben? Der Mensch neigt zu Veränderungen, weil er glaubt, etwas besser machen zu müssen. Doch nichts ist falsch. Solange noch Ziele vorhanden sind, sind wir noch im Ich verhaftet. Im Selbst verschwinden die Ziele, da das Ziel nicht irgendwo ist, sondern immer in unserem Inneren vorhanden war.

Wie werde ich magnetisch? Wie ziehe ich Dinge magisch an?

Indem ich mir bewusst mache, dass ich ständig magnetisch bin. Ich kann mir nicht einfach einreden, es zu sein. Ich kann mir auch nicht sagen, dass ich magnetisch bin und dann hoffen, dass etwas geschieht. Dieses Magnetische ist auch etwas, was von innen kommt. Es ist wie mit der Dankbarkeit und der Freude. Wir strahlen ständig etwas aus und ziehen das an, was uns entspricht. Auch während wir schlafen, arbeiten oder einfach nur dekorativ herumsitzen, verfügen wir über eine bestimmte Schwingung.

Unsere Ausstrahlung ist viel mehr als gut oder schlecht, angenehm oder unangenehm, warm oder kalt. Sie ist unser Zauberstab, der ohne unser Wissen unser Leben lenkt. Auch wenn wir uns unseres Energiefeldes nicht bewusst sind, so sind wir Energie. Alles und jeder hat eine bestimmte Schwingung. Diese Schwingung ist aufgrund unserer Lebenserfahrungen und dem, was wir ins Leben mitbringen, geprägt. Sie ist einmalig. Wir müssen also nichts tun, um etwas anzuziehen, wenn wir uns dessen bewusst sind.

Die Schwingung ist also einmalig und kann sich nur für das empfänglich machen, wonach sie ausgerichtet ist?

Es ist kein bewusstes Ausrichten notwendig, die Ausrichtung ist gegeben. Die Gegebenheiten sind die Ausrichtung. Sie verändert sich, wenn sich der Mensch verändert und zu vollkommenem Bewusstsein erwacht. Niemand hat unsere Lebenserfahrung oder Prägungen. Unsere Eltern, unser Aussehen und unser Umfeld sind auf uns zugeschnitten. Aus diesem Grund ist nicht nur unsere Schwingung einmalig, sondern auch unser Auftreten. Auch unser Denken und Verhalten ist einzigartig. Bei keinem anderen ist es gleich. Diese einmalige Schwingung strahlt Tag und Nacht und damit machen wir uns für entsprechende Ereignisse magnetisch. Das heißt also, jeder formt sich in jedem Augenblick sein Schicksal selbst. Er kann sich bei niemandem beschweren, weil sein Sosein diese spezielle Schwingung aufweist. Das ist eine Art Dauerauftrag, der im Leben für die entsprechenden Ereignisse sorgt. Die Gesetzmäßigkeit können wir nicht ändern, aber wir können unser Sosein ändern. Nicht indem wir auf Biegen und Brechen versuchen, uns anzupassen oder zu verbessern, sondern vorerst einmal überprüfen, wo wir stehen. Erkennen wir unsere Stärken und Schwächen. Wer möchte, kann dies schriftlich festhalten. Zu den Stärken können wir immer dann zurückkehren, wenn wir zu sehr mit den Schwächen beschäftigt sind. Die Schwächen können wir nach und nach stärken und wandeln. Schreib dir auf, was du an deinen Eigenschaften verbessern, welche Gewohnheiten du ablegen möchtest oder was dir fehlt. Wie steht es um Dankbarkeit, Lebensfreude, Respekt und Menschlichkeit? Kritisiere ich noch, will ich immer noch alles bestimmen und Sicherheit haben? Lasse ich dem Verstand freien Lauf? Hadere ich immer noch mit einem Schicksal? Gibt es noch einen Zwist, den es zu klären gilt? Dies sind nur ein paar Anregungen und ich bin mir sicher, dass du selbst genau weißt, wo es Verbesserungsbedarf gibt.

Wir haben schon von den Gesetzmäßigkeiten gehört. Was ist mit dem Gesetz der Anziehung gemeint?

Das ganze Leben ist erfüllt von den geistigen Gesetzen, alles obliegt einer unsichtbaren Ordnung. Es gibt sozusagen gewisse Spielregeln, die niemand umgehen kann. Die geistigen Gesetze sind ein wichtiges Fundament und wer sie kennt und beherrscht, kann sich viele Schwierigkeiten ersparen. Wer mit ihnen in Harmonie lebt, wird davon profitieren. Es gibt überall Gesetze. Auch im Leben herrscht eine Ordnung, obgleich sie nicht wahrgenommen, ignoriert oder übergangen wird.

Das Gesetz von Ursache und Wirkung ist wohl eines der bekanntesten. »Alles ist eins« ist ebenfalls ein Gesetz, das es zu enthüllen gilt. Viele weitere Gesetze wie das der Polarität, der Resonanz, vom Rhythmus, von Wandlung und einige mehr bestimmen unser Leben. Das Prinzip des Wohlstands besagt, dass alles zum Wohle steht. Wohlstand wird oft mit finanziellem Reichtum verwechselt. Aber darüber haben wir ja schon einiges erfahren. Es gibt eben mehr als Himmel und Erde. Wir sollten uns dem Interesse an einem höheren Ganzen nicht verschließen. Wir profitieren ja schlussendlich selbst davon und auch unser ganzes Umfeld wird davon betroffen sein.

Wer sich zum Positiven wandelt, dem wird auch Dementsprechendes widerfahren. Kein Mensch würde Auto fahren, ohne die Straßenverkehrsordnung gelernt zu haben. Ist es ein Wunder, dass es im Leben andauernd kracht? Viele Unfälle könnten vermieden werden und ein geschmeidigeres Dahingleiten auf unseren Lebensbahnen wäre möglich, wenn wir Einblicke in die Gesetzmäßigkeiten hätten und uns nach innen orientieren würden. Wir können nur das erfahren, was wir verursacht haben. Das Gesetz der Anziehung besagt, dass wir eine bestimmte Schwingung haben und damit entsprechende Ereignisse in unser Leben ziehen. So verursacht jeder sein Schicksal selbst und ist seines Glückes Schmied. Das Hauptgesetz aber ist das Gesetz der Liebe, das jeder in sich selbst erfahren kann.

Eine gute Schwingung zieht Gutes an. Gibt es Kleinigkeiten, die ich im Alltag tun kann, um eine harmonische Schwingung zu erzeugen?

Zunächst einmal sollte man sich bewusst machen, dass die Schwingung ständig variiert. Sie ist nichts Fixes und von vielerlei Kriterien abhängig. Gedanken, Gefühle, Ängste, Sorgen, Altlasten und Gewohnheiten sind nur ein paar Punkte, die unsere Schwingung negieren. Deshalb müssen wir uns bewusst machen, dass wir unsere Schwingung jederzeit ändern können. Wenn ich Hardrock-Musik höre, werde ich anders schwingen, als wenn ich mir klassische Musik einverleibe. Das versteht sich von selbst. Wenn ich ständig negativen Gedanken nachhänge, wird dies Angst schüren. Wenn ich in allem das Gute sehe, wird mir auch Gutes widerfahren. Und selbst wenn dem nicht so ist, werde ich darin das Gute erkennen. Die Schwingung meines Soseins, des Energiefeldes, das ich bin, verursacht nach dem Gesetz der Resonanz entsprechende Ereignisse, die sich als Zukunft zeigen. Es gibt viele Dinge, die eine gute Schwingung unterstützen. Dankbarkeit, Hilfsbereitschaft, Respekt, Wertschätzung und Selbstlosigkeit sind einige davon. Aber auch ein Lächeln verändert sofort das Befinden, die Energie und auch das Umfeld. Wenn du möchtest, dass die Welt lächelt, dann lächle zuerst. Erinnerst du dich an diese Worte?

Lächeln als Impuls für Veränderungen mag vorerst banal und einfach klingen, doch wer dieses Instrument nutzt, wird staunen. Ein aufgesetztes Mundwinkel-Nach-Oben-Verziehen ist nicht das Lächeln, das die Schwingung erhöht. Ein spontanes und herzerwärmendes Lächeln, das aus dem Moment heraus geschieht, verändert dich und schlussendlich die Welt. Wer morgens gut gelaunt aus dem Bett steigt, wird einen anderen Tag erleben als der, der mürrisch ist. Ein sogenannter schlechter Tag, an dem alles schiefläuft, lässt sich nicht vermeiden. Doch der gut Gelaunte wird anders damit umgehen als der, der schon morgens davon überzeugt war, dass dieser Tag mühsam werden wird. Auch wenn wir nichts wissen, tun wir so, als wüssten wir alles. Wir müssen keinen Grund haben, um gut gelaunt zu sein. Wir sollten unsere Laune nicht nach den Umständen richten, sondern sie unabhängig kontinuierlich hochhalten. Auch dies hat etwas mit Lebensbejahung und Optimismus zu tun. Das sollten wir uns unbedingt zu Herzen nehmen.

Bewusst sympathisch zu sein und Lebensfreude zu versprühen, schafft frischen Elan. Auch wenn jeder so ist, wie er ist, sympathisch kann jeder sein. Ein gutes Wort, eine gute Tat oder ein liebevoller Gedanke tun nicht weh und bewirken Großes. Wir sollten uns jedoch nicht darum bemühen, nett zu sein, sondern wir selbst: authentisch, natürlich und herzlich. Apropos Herz: Der Gegenspieler namens Verstand richtet seine Aufmerksamkeit meistens auf das, was nicht stimmt oder stört. Auch wenn das Herz nicht mit allem einverstanden ist, es stört sich an nichts und akzeptiert die Vielfalt und die Unterschiede des Lebens.

Welche Rolle spielt die Aufmerksamkeit in Bezug auf das Gesetz von Ursache und Wirkung?

Die Aufmerksamkeit lenkt unsere Schöpferkraft. Das Leben wird immer das glauben, worauf wir unsere Aufmerksamkeit richten. Aufmerksam zu sein, bedeutet nicht nur Höflichkeit, sondern sich selbst unter die Lupe zu nehmen. Seinen Verhaltensformen, Prägungen, Gewohnheiten und Vorstellungen auf den Zahn zu fühlen, hat noch niemandem geschadet. Man tut gut daran, seine Aufmerksamkeit auf den Ursprung der Dinge zu lenken, anstatt in den Erscheinungen, also dem, was man mit den Sinnen wahrnimmt, zu verweilen.

Wie wichtig ist es, ein spirituelles Ziel zu haben, wenn man die Erfolgsgesetze anwendet?

Das spirituelle Ziel ist wohl das höchste, wonach man streben kann. Ein jeder sehnt sich innerlich nach Ganzheit und Erfüllung und jeder geht seinen eigenen Weg. Manche Menschen machen Umwege, manche landen in Sackgassen. Das kennen wir alle. Wir haben alle Zeit der Welt, zu uns zurückzukehren. Je länger man wartet, desto herausfordernder und unangenehmer werden die Aufgaben, vor die uns das Leben stellt. Es drängt uns ja dazu, uns nach innen zu wenden. Dass es kein Ankommen gibt und wir ja bereits am Ziel sind, gilt es zu realisieren. Ziele gibt es nur im Außen. Im Inneren hat es nie ein Ziel gegeben, weil es nur illusorischer Natur ist. Für das Ich aber ist es real, weil es sich über die Sinne definiert – und ebenfalls über Ziele. Das hat alles seine Richtigkeit, doch wie viele Jahre auch vergehen mögen, irgendwann ist es an der Zeit, umzukehren, sein Leben zu überdenken und sich für eine neue Sicht- und Handlungsweise zu öffnen. Wie du dir vorstellen kannst, ist der beste Zeitpunkt dafür immer jetzt. Warum also nicht gleich damit beginnen?

Was ist eine Anweisung an das Leben?

Wir geben dem Leben ständig Anweisungen. Es mag uns nicht bewusst sein, doch eine Anweisung ist eine Ursache und Gedanken, Worte und Taten sind Ursachen. Es vergeht kaum ein Augenblick, wo wir nicht denken, sprechen oder handeln. Somit ist unser ganzes Sosein wie eine Bestellung an das Leben. Die Energie des Soseins bestimmt den Verlauf von Situationen. Das ist das Gesetz von Ursache und Wirkung. Wenn etwas auf mich zukommt, freue ich mich. Ich kann mich zurücklehnen und es genießen. Wenn aber etwas kommt, womit ich nicht einverstanden bin, könnte ich dasselbe tun. Doch dann entsteht meist ein Widerstand, der ein Problem kreiert, das vorher gar nicht da war. Wir sollten erkennen, dass alles immer eine Chance zum Besseren ist und das Leben kein Wunschkonzert darstellt. Es darf so sein, wie es ist und wir können unabhängig davon unsere gute Laune und Haltung bewahren, denn sie sind es, die unsere Gemütsverfassung bestimmen. Wer leidet schon freiwillig? Da dies niemand tut, sollten wir uns für das Glücklich-Sein entscheiden. Es gibt einen wunderbaren Spruch, der lautet: »Willst du glücklich sein? Dann sei es!« Leichter gesagt als getan? Nein! Jeder kann in jedem Moment negative Gefühle annehmen, wie er das auch mit Umständen machen kann. Wenn er sie nicht mehr ablehnt, geschieht dies ganz von selbst. Es liegt an dir, wie du mit dem Leben umgehst. Die Inhalte sind nicht so wichtig, wie man meint. Jedes Leben ist eine Achterbahnfahrt. Wenn man ohnehin schon weiß, dass es immer auf und ab geht, weil das das Leben so an sich hat, kann man auch die Talfahrt genießen. Und wenn man unten ist, kann man sich darüber freuen, dass das nächste Hoch schon in den Startlöchern steht.

Gibt es Fügungen des Universums oder ist alles, was geschieht, immer selbst verursacht?

Das Leben selbst ist eine Fügung. Das Leben ist eine Ursache und das Leben ist eine Wirkung. Das Universum mischt sich nicht ein. Das tut der Mensch – und zwar erfolgreich Tag für Tag. Das ist mit ein Grund, warum er im Chaos versinkt. Die Wirkung hat immer mit uns selbst zu tun. Wenn wir das Gesetz von Ursache und Wirkung verinnerlicht haben, können wir das erkennen. Auch eine Fügung ist eine Wirkung. Die Welt, in der wir leben, ist polar. Hier herrschen nicht nur unsichtbare Gesetze, sie beruhen auf der Dualität. In dieser Dualität gibt es eine Wechselwirkung. Das Ursache-Wirkung-Prinzip kommt somit immer zum Tragen. Es ist ganz gleich, ob wir es Fügung, Schicksal oder Zufall nennen, es geschieht nichts ohne Sinn. Und auch wenn wir den Sinn nicht suchen oder verstehen müssen, so ist er doch gegeben. Man sagt, dem einen geht es besser und dem anderen schlechter. Auch wundert man sich, dass ein Mensch ständig Probleme hat und der andere nicht. Grundsätzlich gilt, dass keiner bevorzugt wird und es auch keiner besser hat, auch wenn das so scheinen mag. Wir haben alle unser Päckchen zu tragen und unsere irdischen Aufgaben mitgebracht, die wir in den bisherigen Leben nicht erledigt haben. Nur weil ein Mensch ständig Probleme hat, bedeutet das nicht, dass er schlechter ist als andere. Das wird seine Gründe haben. Wenn Verhalten und Denken für das Leben verantwortlich sind, ist es naheliegend, dass die Auswirkungen mit uns zu tun haben müssen. Hier geht es aber nicht um Schuld, sondern um die Einsicht, dass ein Ursache-Wirkung-Prinzip vorherrscht und wir uns mehr Achtsamkeit aneignen sollten. Wer Achtsamkeit richtig einsetzt und herausfindet, was es wirklich mit ihr auf sich hat, kommt einem Geheimnis auf die Spur, das er für sich nutzen kann.

Folgendes habe ich schon bestellt:

Folgende Bestellungen sind bereits in Erfüllung gegangen (auch Kleinigkeiten zählen!):

Was wünsche ich mir? Meine nächsten Bestellungen lauten wie folgt:

KARMA

Was ist Karma?

Karma ist nichts anderes als die Folge von Handlungen, was man auch als Gesetz von Ursache und Wirkung bezeichnen kann. Das Gesetz beinhaltet, dass jede Ursache eine Wirkung hat, aber jede Wirkung ist gleichzeitig wieder eine Ursache für etwas. Eine endlose Kette, wobei man nicht sagen kann, wie es begonnen hat. War das Ei zuerst da oder das Huhn? Das haben sich schon namhafte Philosophen gefragt. Man könnte also auch sagen, dass wir im Hamsterrad des Karmas festsitzen. Festsitzen tut aber nur das Ich, das Selbst ist davon natürlich nicht betroffen. Deshalb ist die Rückverwandlung vom Ich ins Selbst, vom Ego zum erwachten Bewusstsein eine Aufgabe, die wir nicht aus den Augen verlieren sollten.

Gibt es einen Weg, um aus diesem Hamsterrad herauszukommen?

Das Selbst war dort ja nie drinnen, es ist ja das Ich, das meint, festzuhängen. Folglich ergibt sich daraus die Lösung von selbst. Es muss jemand da sein, der etwas tut. Solange wir uns mit dem Handelnden identifizieren, ist das Hamsterrad unser Zuhause. Wir müssen uns also damit zufriedengeben oder damit beginnen, uns neu zu orientieren und unser Denken und unser Handeln zu überprüfen. Somit ist es ratsam, vom Handeln ins Beobachten zu kommen. Natürlich werden wir immer etwas tun, um unser Leben zu bestreiten, doch gibt es hier Unterschiede. Was ist meine Intention? Handle ich als Ego mit Absicht, Wunsch und Wollen oder als der Beobachter, der seine Taten geschehen lässt und sich nicht mehr damit identifiziert? Als ich mir das erste Mal selbst beim Essen oder Spazierengehen zusah, kam mir das schon etwas eigenartig vor. Es ist so, als würde ich mir einen Film ansehen. Dieses Unbeteiligt-Sein ist aber keine Lethargie, sondern ein kraftvolles und lebensbejahendes Geschehen-Lassen des Ablaufs der Dinge. Der, der dich dabei von außen betrachtet, wird keinen Unterschied feststellen können. Ob willentlich Handelnder oder reiner Beobachter, für den anderen gibt es keinen Unterschied. Ob ich nun aus eigenem unpersönlichem Antrieb heraus etwas tue oder ein persönliches Ziel verfolge, es scheint dasselbe zu sein. Grundsätzlich ist es aber doch anders, denn nur der, der dem höchsten Willen folgt und entspricht und sich ganz dem Lebensfluss hingibt, kann das Karma hinter sich lassen. Ansonsten wird man immer und immer wiederkommen. Leben an sich ist wunderschön, Schmerz und Leid existieren nur für das Ich.

Das heißt, ich muss immer wiederkommen, um das sogenannte Karma abzutragen?

Jeder muss Verantwortung für sein Leben tragen und jeder muss die Folgen in Kauf nehmen. Das ist aber keine Strafe, sondern eine natürliche Folge von bewusstem Leben. Der, der vom Leben und seinen Gesetzmäßigkeiten nichts weiß, kann schnell in ein Fettnäpfchen treten. Dies bedeutet, dass durch Unwissenheit Gewohnheiten und Gepflogenheiten aufrechterhalten werden, die uns im eigentlichen Sinne schaden. Man kann sich das höchste Wissen weder anlernen noch antrainieren, man muss ihm in seiner Seele auf die Schliche kommen. Unwissenheit schützt vor Strafe nicht. Dies kann man hier also nicht sagen. Wenn uns ein Glas hinunterfällt und es in Tausend Scherben zerbricht, ist das weder eine Strafe für uns noch für das Glas. Es ist eine ganz normale Folge. Komisch wäre es, wenn das Glas nicht zerbrechen würde, oder? Demnach ist es auch völlig normal, dass alles, was wir denken, tun, sagen und fühlen Auswirkungen haben muss. Dies ist das Gesetz der Gerechtigkeit und der Anziehung, denn alles geschieht nach unserer Entsprechung und überall muss ein Ausgleich stattfinden.

Wie unterscheiden sich gute und schlechte Handlungen voneinander?

Gutes Karma ist wie eine goldene, das schlechte Karma wie eine eiserne Kette. Gut und schlecht, diese Gegensätze zwingen uns beide dazu, im Hamsterrad zu bleiben. Natürlich ist es besser, gute Taten zu vollbringen als schlechte. Aber beide sind wie Ketten und binden uns an die Inkarnation, die wir jetzt und hier erleben. Wer im Hamsterrad lebt, hat Wünsche. Wer ausgestiegen ist, ist frei von allem, auch davon, etwas erreichen zu wollen.

Soll man denn überhaupt noch Wünsche haben?

Das Ich hat viele Träume, Ziele und Pläne. Das Selbst hat das alles nicht. Es geht nicht darum, sich nichts mehr wünschen zu dürfen. Es geht darum, sich bewusst zu machen, dass jeder Wunsch persönlicher Natur ist. Ganz gleich ob es eine gute Tat ist oder man anderen etwas Gutes wünscht. Was wissen wir schon, was für den anderen gut ist? Das, was wir uns vorstellen oder meinen, ist anders, aber sicher nicht besser als das, was der andere gerade erlebt. Er würde ja etwas anderes erleben, wenn es das Leben so für ihn gedacht hätte. Ihm widerfahren nur Ereignisse, die aufgrund von Ursachen eintreten. Somit macht jeder seine Erfahrungen, die immer wertvoll sind, ganz gleich, ob sie als schmerzhaft oder angenehm empfunden werden. Ein Wunsch zeigt ja auf, dass mir etwas fehlt. Also muss ein Mangel vorhanden sein. Wenn es mir an nichts mangelt, wozu sollte ich mir etwas wünschen? Das Mangelbewusstsein habe ich ja schon angesprochen. In diesem Zustand ist es unmöglich, sich der Fülle zu öffnen oder sie anzuziehen. Wenn ich die Fülle bin, kenne ich den Mangel nicht. Jeder Wunsch spielt sich in Gedanken und Vorstellungen ab und geht mit einem Ziel und meistens auch mit Erwartungen einher. Wer Erwartungen hegt, muss damit rechnen, enttäuscht zu werden. Geschieht dies, ist das ein großes Geschenk. Vielleicht ärgern wir uns oder sind zornig darüber, dass etwas nicht geklappt hat oder nicht unseren Vorstellungen entspricht. Aber die Ent-Täuschung ist ja ein Vorgang, der uns auf etwas aufmerksam machen will. Wir werden aus der Täuschung geholt, weil wir einer Illusion auf den Leim gegangen sind. Der Illusion der Vorstellung.

Das Leben ist voller Überraschungen und macht uns ständig Geschenke. Wir aber erkennen meist nur die, die wir gutheißen. Von anderen Geschenken wollen wir nichts wissen. Vielleicht weil wir sie nicht erkennen und nicht sehen, wie wertvoll sie sind? Wenn ich zum Beispiel enttäuscht darüber bin, dass eine Partnerschaft nicht funktioniert, habe ich sehr viel von ihr erwartet. Wer das Leben und seine Mitmenschen so annehmen kann, wie sie sind, und erkennt, was ihr wahrer Kern ist, wird keine Vorstellung hegen, auch nicht in einer Beziehung. Es kommt ohnehin, wie es kommt und immer so, wie es uns entspricht, also ist es in jedem Fall maßgeschneidert. Von einem viel zu engen und knallroten Maßanzug wollen wir vielleicht nichts wissen, aber genau den haben wir bestellt. Vorwiegend unwissentlich. In jedem Fall waren wir zu wenig achtsam und sehr unbewusst, sonst würde die Lieferung des Lieferservices Leben besser ausfallen.

Wir sind mit so vielem nicht einverstanden und geben allem die Schuld, meistens jedoch nicht uns selbst. Wir sollten uns auch nicht beschuldigen, denn so, wie wir sind, sind wir vollkommen in Ordnung. Wir sollten nur öfters mal uns selbst unter die Lupe nehmen, bevor wir anderen etwas überstülpen oder sie mit Kritik überhäufen. Alles ist ein Spiegel unseres Selbst. Es lohnt sich, hinzusehen, was uns das sagen will und was wir daraus lernen können. Wer einsichtig ist und bereit dazu, sich weiterzuentwickeln, anstatt wie gehabt durchs Leben zu stolpern, wird ob der Veränderungen in seinem Leben staunen.

Somit hat alles, was im Außen geschieht oder mir widerfährt, immer mit mir selbst zu tun?

Ja natürlich. Wenn alle Menschen auf der Welt eine Meinung über dasselbe Thema kundtun würden, würde es ebenso viele unterschiedliche Meinungen geben wie Menschen. Kann alles richtig sein? Welche Meinungen sind die richtigen und welche die falschen? Unsere Meinung ist immer richtig, aber sie ist eben individuell. Sie stimmt für mich und auch bei allen anderen ist das so. Somit liegen alle Menschen richtig. Individuell gesehen bringt das aber nicht viel, da die universelle Sicht keine Meinung vertritt. Alles ist, wie es ist, was also nutzt es, jemandem meine Interpretation aufzuzwingen? Im zwischenmenschlichen Bereich kann das zu Streitigkeiten, Auseinandersetzungen und

Meinungsverschiedenheiten führen, die natürlich vorprogrammiert sind, wenn mehrere Ichs zusammentreffen. So wie ich etwas erlebe, ist es sozusagen von mir abhängig. Würde ich es nicht wahrnehmen oder sehen, wie könnte ich mich darauf beziehen, es benennen oder gar kritisieren? Es ist wie mit dem Spiegel, auf den ich an dieser Stelle gerne noch einmal zurückkommen möchte. Wenn du in den Spiegel siehst, was siehst du? Dich? Die meisten Menschen sind davon überzeugt, doch sie sehen nicht sich selbst, sondern ein Abbild ihres Körpers. Und genauso verhält es sich mit dem Leben. Wenn ich ins Leben schaue, schaue ich in einen großen Spiegel. Die wichtigste Lebensaufgabe ist es meiner Meinung nach, dies zu realisieren. Lass das auf dich wirken, ohne darüber nachzudenken. Versuch es nicht zu verstehen, sondern lass es als Samen in dein Herz hineinfallen.

Meine offenen Fragen zum Thema Karma:

Folgende Gedanken habe ich mir zum Karma gemacht oder beschäftigen mich:

Meine Vorsätze:

GEWOHNHEITEN UND LOSLASSEN

Warum ist es sinnvoll, alles gleich wieder loszulassen?

Eine gute Frage. Wir sollten einen Schritt zurückgehen. Dort stellen wir Folgendes fest: Wenn ich gar nicht erst festhalte, brauche ich auch nichts loszulassen. So ist es auch mit dem Besitz. Immer wieder liest und hört man, dass ein bewusster Mensch nichts zum Leben braucht. Ob unbewusst oder bewusst, jeder Mensch, der auf der Erde lebt, nutzt und benötigt Dinge, um sein Leben zu bestreiten. Des Weiteren liest man, dass Menschen, die viel besitzen, unbewusst leben. Wahrscheinlich behaupten dies Menschen, die es zu nichts gebracht haben oder über wenig verfügen, um sich ihre Situation schönzureden. Fakt ist: Besitz hat überhaupt gar nichts mit Spiritualität oder Bewusstsein zu tun. Ob du in einer Hütte am Berg lebst oder in einer Villa mit Chauffeur, Angestellten und einem Fuhrpark, wenn du von der Welt losgelöst bist, bist du frei. Besitz loszulassen, bedeutet nicht, ihn zu verschenken oder zu verscherbeln. Somit geht es nicht darum, Besitz loszulassen oder keinen Besitz zu haben, sondern sich von den Bindungen zu lösen – oder noch besser, sie erst gar nicht entstehen zu lassen. Loslassen ist deswegen so wichtig, weil uns Beziehungen, also der Bezug zu etwas, sowie Besitz ans Leben binden. Nehmen wir an, du besitzt eine Firma, ein Haus und ein Flugzeug. Würde das alles von heute auf morgen nicht mehr dir gehören und es würde sich an deiner Zufriedenheit nichts ändern, dann weißt du, was das Wort Spiritualität bedeutet. Da sich Leben immer im Jetzt abspielt, wozu an etwas festhalten? Wir können nichts ins Grab mitnehmen, und spätestens wenn uns eine Krankheit ereilt, werden wir erkennen, wie nutzlos Geld ist. Natürlich ist es schön, wenn man sich etwas leisten kann und nicht jeden Cent mehrmals umdrehen muss. Dennoch gibt es das Phänomen, dass in den ärmsten Ländern der Welt die glücklichsten Menschen wohnen.

Was sollte ich in meinem Leben loslassen, um wahres Glück und Freude zu erfahren?

Ich beginne mit dem letzten Schritt: sich selbst loszulassen. Loslassen bedeutet nicht anhaften. Woran sollten wir uns also nicht binden? In erster Linie an das persönliche Ich, denn es ist das Hauptproblem bei der Entstehung von Schwierigkeiten und Leid. Es geht also nicht nur um Dinge oder materielle Güter, sondern auch um Menschen und vor allem Gedanken. Wir alle wissen, wie aufdringlich Gedanken sein können und wie sehr sie uns in ihren Bann ziehen können. Wenn wir uns von unseren Gedanken zu sehr vereinnahmen lassen, entfernen wir uns von uns selbst. Man denkt ja immer. Es könnte irgendwann etwas passieren, was uns Sorgen bereiten könnte. Du kennst das sicher auch. Schlussendlich trifft kaum etwas davon ein. Ein eigenartiges Verhalten, das wir uns alle zur Gewohnheit gemacht haben. Davon sollten wir uns trennen. Solchen Gewohnheiten sollten wir auf den Grund gehen, um sie loslassen zu können. Dafür gilt es, herauszufinden, was es mit den Gedanken auf sich hat. Gedanken sind ja nicht das, was wir sind. Sie kommen und gehen und niemand weiß wirklich, wo sie entstehen. Entstehen sie im Gehirn? Natürlich denken wir mit dem Hirn, aber wie kommen die Gedanken dorthin? Wir sollten Dinge, die uns kostbare Lebenszeit rauben, aus unserem Leben verabschieden und uns solchen Fragen stellen. Dies fällt nicht unter die Kategorie Nachdenken, sondern unter die des Erforschens. Macht Spaß, ist spannend und erschafft auch kein Karma. Wenn das keine guten Nachrichten sind?

Ärger, Sorgen und Ängste, es gibt viel loszulassen. Doch auch hier gilt: Finden wir heraus, wie deren Beschaffenheit ist und wie es dazu kommt, dass wir uns so davon beeinflussen und hinunterziehen lassen. Sorgen gehören uns genauso wenig wie Ängste, und wenn wir uns über etwas ärgern, schaden wir uns wiederum nur selbst. Fühlen wir diesen Dingen auf den Zahn, um herauszufinden, was es mit ihnen auf sich hat.

Viele Menschen beklagen sich, dass sie so schwer loslassen können. Ihre Aufmerksamkeit richtet sich immer auf das, was sie nicht können und nicht haben, anstatt zu sehen, was ihnen zur Verfügung steht. Wenn jemand zu mir sagt, dass er so schwer loslassen kann, habe ich folgende Antwort parat: Jeden Abend vor dem Einschlafen lässt du los. Das machst du wunderbar, aber geschieht das nicht von selbst? Die Verbissenheit, Dinge zu ändern, macht Lebenssituationen und Mitmenschen bissig. Das Leben beißt zurück. Gehen wir nicht zu streng mit uns ins Gericht und schauen wir öfters mal auf das, was wir jeden Tag leisten, was wir können und worin wir wirklich gut sind. Dann sind die Dinge, die wir uns wünschen oder nicht können, gar nicht mehr so wichtig. Wichtig ist es, den Fokus auf das Gute zu lenken und sich aus der Negativspirale zu befreien, damit wir eines Tages auch das Hamsterrad verlassen können.

Ein interessanter Ansatz das mit dem Einschlafen. Gibt es dazu noch mehr zu sagen?

Es geht darum, dass wir so viel loslassen, ohne es zu merken. Wenn du einschläfst, lässt du den Tag los und auch dich selbst. Wenn du munter wirst, hast du den Schlaf losgelassen. Auch wenn du jeden Tag Albträume hast, fürchtest du dich dennoch nicht vor dem Einschlafen. Das ist großartig! Wer jeden Tag kocht, weiß, wie viel Arbeit es macht, nach dem Essen die Küche aufzuräumen. Nur wenigen Menschen wurde die Gabe geschenkt, es gern zu tun. Sobald wir Hunger bekommen, ist das Vergessen. Wir eilen in die Küche, bereiten uns etwas Feines zu und denken keine Sekunde daran, das Chaos später wieder beseitigen zu müssen. Gott sei Dank, denn vielleicht würden wir sonst nie mehr den Kochlöffel schwingen, wenn uns der Moment des Aufräumens schon vorher vor Augen geführt werden würde. Auch sollten wir nicht vergessen, dass wir unsere vergangenen Leben losgelassen haben. Wenn wir auf die Welt kommen, bringen wir zwar sehr viel mit, können uns aber an nichts mehr erinnern. Unzählige Leben liegen hinter uns und wir haben keine Ahnung, was sich zugetragen hat. Was für ein Geschenk, das uns zum Schutz dient und uns die Möglichkeit einräumt, von vorne zu beginnen. Unbelastet und ohne Vorbehalte starten wir ins Leben, voller Träume und Wünsche. Dann beginnt das große Vergessen des eigentlichen Seins. Über die Jahre hinweg eignen wir uns viele Gewohnheiten an und sammeln Erinnerungen, die wir eines Tages loslassen müssen, um uns nicht selbst im Weg zu stehen. Unser Dasein ist ein andauernder Prozess von Lernen, Leben und Vergehen. Packen wir es beim Schopf, tun wir alles mit Freude, mit Zuversicht und Lebenslust. Vergessen wir die Dankbarkeit nicht und auch nicht den Mut. Gesunde Neugier kann auch nicht schaden und Interesse am Leben, an der Menschlichkeit, Respekt und Wertschätzung kann man nicht oft genug erwähnen. Das Leben ist ein Geschenk. Packen wir es doch aus, anstatt uns am Muster oder der Farbe des Geschenkpapiers zu stören. Nur wer es auspackt, erfährt, was drinnen ist. Ich zitiere erneut Goethe: »Nichts ist drinnen, nichts ist draußen; denn was innen ist, ist außen.« Etwas, das man sich merken sollte.

Wie lasse ich negatives Denken los?

Wenn wir die Frage etwas genauer betrachten, geht sie davon aus, dass wir auf Gedanken zurückgreifen können. Auch hier möchte ich noch einmal darauf hinweisen, dass wir uns nach dem Ursprung der Gedanken umsehen sollten. Gedanken kommen und gehen, wir planen sie nicht. Sie basieren auf Erinnerungen und Vergleichen und holen uns immer wieder ein. Sie beschäftigen so manch einen Tag und Nacht und sorgen für schlaflose Nächte. Wenn wir Besuch bekommen und uns nach einer gewissen Zeit nicht mehr mit ihm unterhalten, verabschiedet er sich. So könnten wir es auch mit Gedanken handhaben. Wenn es an der Eingangstür läutet und ich weder Zeit noch Lust habe, jemanden zu empfangen, muss ich nicht öffnen. Auch eine Möglichkeit mit Gedanken umzugehen. Wenn uns bei einem guten Film die Werbung nervt, können wir auf einen anderen Sender umschalten. So könnten wir auch den Gedanken begegnen. Es gibt viele Möglichkeiten, sich aus der Gedankenspirale herauszuziehen. Es braucht Disziplin und Geduld. Wer schon einmal versucht hat, Gedankenstille zu erzeugen, der weiß, dass dies eine große Herausforderung darstellt. Was nutzt es, im Kopf eine Stille zu erzwingen, wenn wir nach wie vor keine Ahnung von der Beschaffenheit der Gedanken haben?

Ja, der Verstand kann recht hartnäckig sein, das bekomme ich oft zu spüren.

Die Eigenschaft des Verstandes ist das Denken. Er ist unser Freund und begleitet uns durchs Leben. Er sollte nicht unser einziger Ratgeber sein. Ich habe meinem Verstand den Begleiter-Status verliehen. Er ist mein Freund und ich hege ihm gegenüber keinen Groll, genauso wenig gegenüber dem Ich. Ich kann mit dem Verstand so viele schöne Dinge denken und imaginieren, sodass ich darüber hinwegsehe, dass er manchmal ganz schön übergreifend werden kann. Geschieht dies, kümmere ich mich nicht darum. Er darf denken, was er möchte. Er darf auch Lösungen und Ideen haben. Schlussendlich entscheide ich aus meinem Bauchgefühl heraus, was ich tue oder nicht tue. Ob mir der Verstand reinredet, meine Lebensgefährtin oder meine Freunde, spielt keine Rolle. Jeder darf das tun, wenn ich mit mir im Reinen bin. Deswegen ist es so wichtig, in die Rolle des Beobachters zu schlüpfen. Dann können wir nämlich nicht nur die anderen beobachten, sondern auch unsere Gedanken. Von außen betrachtet sind sie harmlos, keiner ist anstrengend oder nervt, wenn wir es nicht zulassen und ihm zu viel Aufmerksamkeit schenken. Wenn mich etwas nervt, bin ich selbst das Problem. Also beginne ich immer bei mir selbst und vor allem in mir selbst aufzuräumen, damit sich die Wogen wieder glätten.

Ich wurde schon des Öfteren gefragt, wie man Ärger loslassen kann, oder auch Kummer und Sorgen. Mich hat noch nie jemand gefragt, wie er Freude oder Glück loswerden kann. Auch hat mich noch kein Millionär darum gebeten, sich um sein lästiges Geld zu kümmern. Wir wollen immer das loswerden, dem gegenüber wir Widerstände hegen. Es geht also um den Widerstand, den es zu entlarven gilt.

Es fällt mir schwer, meinen Partner loszulassen, die Trennung setzt mir sehr zu. Was kann ich tun?

Warum halten wir fest? Wir begegnen immer wieder Menschen für eine bestimmte Zeit. Wir gehen den Weg ein Stück gemeinsam, aber irgendwann trennen sich unsere Wege. Manche Beziehungen sind kürzer, einige länger. Das bestimmen nicht wir. Vielleicht glauben wir das, aber das Drehbuch schreibt das Leben, das auf dem Gesetz von Ursache und Wirkung aufgebaut ist. Genauso wie Menschen zusammengefunden haben, lösen sie sich auch wieder voneinander. Auch wenn ich nicht loslassen kann und an etwas festhalte, kann ich nichts erzwingen. Was zu mir gehört, bleibt und was nicht mehr zu mir gehört, geht. Es wird mir nichts genommen, sondern es entspricht mir nicht mehr und verabschiedet sich aus diesem Grunde. Veränderungen stehen an und irgendwann kommt etwas Neues. Wenn wir dies jetzt schon wüssten, würden wir uns im Loslassen wesentlich leichter tun oder das, was wir noch festhalten, gar loswerden wollen. Es sollte nie vergessen werden, dass es das Leben mit all seinen Ereignissen immer gut mit uns meint. Auch wenn es noch so dramatisch und unangenehm ist, es hat immer einen Sinn. Nichts geschieht umsonst, das ist gewiss. Wer auch immer uns verlässt, er entfernt sich ja nur auf der Sinnesebene. Im Grunde genommen sind wir immer eins, weil nichts voneinander getrennt existieren kann. Und was hindert uns daran, jemanden zu lieben? Das kann ich auch weiterhin tun, ohne dass er in meiner Nähe ist. Wir sehen also, dass dieses Gefühl, das wir Liebe nennen, immer mit Bedingungen und Vorstellungen verknüpft ist. Es liegt also auf der Hand, dass wir für jemanden Gefühle hegen, wahre Liebe ist das aber nicht. Diese Gefühle sind ja immer mit Vorstellungen verknüpft und vor allem auch mit einem Nutzen.

Auch wollen wir den Partner ständig ändern und ihn zurechtrichten. Die Liebe würde lachen, wenn sie das hören würde. Wenn mir das Leben einen mir nahestehenden Menschen durch den Tod nimmt, kann er sich niemals aus dem Herzen entfernen.

Was bedeutet es, wenn ich Ärger habe?

Jedes Ärgern, jedes Problem, alle Sorgen, jeglicher Stress und Mangel sowie Leid und Kummer sind liebevolle Botschaften des Lebens. Aber was möchte mir das Leben in diesem Fall mitteilen? Dass ich nicht bei mir bin. Dass ich meine Mitte verlassen habe und mich auf der Ebene von Ärger, Problemen, Sorgen, Stress, Mangel, Leid und Kummer verirrt habe. Niemand zwingt mich, mich zu ärgern oder mir Sorgen zu machen. Ich selbst bin es, der sich das alles auferlegt. Diese Einsicht ist wichtig, wenn wir das Leid beenden wollen. Es gibt keinen Schuldigen, auch wenn es angenehmer und praktischer ist, die Schuld auf irgendjemanden oder irgendetwas zu schieben. Drehen wir den Finger, mit dem wir auf andere oder anderes zeigen, doch einmal um, um zu sehen, wo der Hund begraben liegt. Die Ursache bin immer ich selbst. Wenn ich mich ärgere, bedeutet das, dass ich mit einer Situation nicht einverstanden bin. Vielleicht entspricht etwas nicht meinen Vorstellungen oder es geht mir gegen den Strich. Das Leben ist aber nicht dazu da, sich meinen Vorstellungen nach zu präsentieren, sondern mir in Form von Wirkungen, die ich selbst verursacht habe, zu entsprechen. Hier möchte ich noch einmal wiederholen, dass dies nichts mit Schuld zu tun hat. Ich bin nicht schuld an meiner Lebenssituation, sondern ich habe bewusst oder unbewusst eine Wirkung erzeugt, der ich jetzt ausgesetzt bin. Schuld ist ein Wort der katholischen Kirche, um Menschen zu beeinflussen. Wir können damit aufhören, uns schuldig zu fühlen oder andere schuldig zu sprechen. Nichts und niemand ist schuld. Ein Ereignis ist immer nur eine Auswirkung von etwas. Dies sollten wir uns immer vor Augen halten. Wenn wir der Wirkung die Schuld in die Schuhe schieben, müssen wir einen Schritt zurücktreten, um dann auf die Ursache zu stoßen. Und wenn wir dann der Ursache die Schuld geben, müssen wir uns natürlich auch fragen, ob es zuvor schon eine Wirkung gegeben hat oder wie die Ursache dazu kommt, Ursache zu sein. Wir sehen also, die Frage nach der Schuld können wir uns sparen. Anstatt uns anzuprangern oder anderen gegenüber bösartig zu werden, richten wir unsere Aufmerksamkeit lieber neu aus. Kümmern wir uns nicht um den Kummer, dann vergeht er nämlich von selbst.

Was geschieht eigentlich, wenn ich mich ärgere?

Eigentlich können wir es uns nicht leisten, uns zu ärgern, weil wir mit jedem Ärger unserem Gemütszustand schaden und eine ärgerliche Zukunft verursachen. Wollen wir das? Willst du das? Setzen wir uns nicht mit dem vermeintlichen Grund des Ärgers auseinander, sondern fragen wir uns, was uns an der Situation stört, ohne auf die Sache selbst Bezug zu nehmen. Grundsätzlich kommen wir immer zum selben Ergebnis: Wir wollen es anders haben. Warum wollen wir es anders haben, wenn es bereits so ist, wie es ist? Es kann ja gar nicht anders sein, als es ist, sonst wäre es ja anders. Sich mit den Gegebenheiten des Lebens zu arrangieren und sie zu bejahen, ist eine Kunst. Üben wir uns darin, anstatt uns im Gefühl des Ärgers aufzuhalten. Wenn wir stets in einem guten Gefühl bleiben, es pflegen und hegen, laufen wir nicht Gefahr, zwischendurch noch etwas Ärgerliches zu verursachen. Das heißt, wir können es uns ebenfalls nicht leisten, schlecht gelaunt zu sein. Schlechte Laune verursacht eine miese Zukunft und da sich die miese Zukunft auch im Jetzt abspielt, wird das, was darauf folgt, auch nicht besser werden. Da sich niemand Unangenehmes wünscht, sollten wir alles daransetzen, bei uns zu bleiben, in unserer Mitte zu sein und gut gelaunt durchs Leben zu gehen. Wir sind sehr wohl in der Lage, Änderungen herbeizuführen und das Hamsterrad zu verlassen. Dazu braucht es Geduld. Und nachdem wir endlich die Tür zu unserem Herzen geöffnet haben, bedarf es kontinuierlicher Besuche des Innenraums. Dort sollten wir uns aufhalten. Innerlich ruhend werden wir unser Leben im Außen bewerkstelligen. Wenn wir dem Folge leisten, können wir es meistern. Wer seinen Herzensraum ignoriert oder blindlings durchs Leben eilt, schummelt sich zwar irgendwie durchs Leben, aber Orden gibt es dafür keinen.

Immer wieder holen mich alte Glaubenssätze, Gewohnheiten und Sichtweisen ein, wie kann ich diese löschen?

Machen wir uns bewusst, dass wir auf drei Ebenen gleichzeitig leben. Auf der Traumebene befinden wir uns jede Nacht, auf der Ebene der individuellen Realität sind wir tagsüber und auf der Ebene der einen Wirklichkeit sind wir unbewusst beheimatet. Programme wie Gewohnheiten spielen sich auf der individuellen Realitätsebene ab, die eigentlich illusorischer Natur ist. Etwas in der illusorischen Natur zu löschen, ist eigentlich nicht möglich. So wie ich ein Spiegelbild erst löschen kann, wenn der, der hineinsieht, den Raum verlässt, kann ich in der Illusion erst etwas löschen, wenn die Illusion selbst durch Realisation gelöscht worden ist. Wir können versuchen all unsere Muster und Programme abzuschwächen. Sie löschen sich automatisch, wenn wir die Illusion durchschauen und unser Ich als Selbst entlarven.

Dann kann man Erlebnisse aus der Vergangenheit ebenfalls nicht löschen?

Wozu etwas löschen, was längst vorbei ist? Und wo existiert die Vergangenheit, außer in den Gedanken? Somit sollten wir die Gedanken hinterfragen. Warum geben wir ihnen so viel Raum? Warum kümmern wir uns ständig um die Vergangenheit, also unsere Gedanken? Die Vergangenheit heißt so, weil sie vergangen ist. Sie ist vorbei und kommt nie mehr wieder. Aber halt, da gibt es ja noch den Verstand, der die alten Geschichten ständig aufwärmt und aus den unterschiedlichsten Schubladen holt. Er ist es also, der die Vergangenheit immer wieder aufleben lässt und sie je nach Eigenschaft festhalten oder loswerden will. Wie oft sagen wir, dass uns die Vergangenheit nicht loslässt. Die Vergangenheit verfügt nicht über die Möglichkeit, sich an uns festzukrallen oder uns zu verfolgen. Wenn wir sagen: »Dies oder das lässt mich einfach nicht los!«, ist uns dann tatsächlich nicht bewusst, dass wir das Vergangene soeben herbeigeholt haben? Wir haben es aufgeschnappt und ihm Raum gegeben. Wir haben es vielleicht nicht herbeigeholt, aber wir haben uns darauf eingelassen. Wir entscheiden, worauf wir uns einlassen und worauf nicht.

Natürlich kann durch einen plötzlichen Einfall oder durch eine Erinnerung etwas lebendig werden, aber wir entscheiden uns dazu, uns damit auseinanderzusetzen oder es eben auch nicht zu tun. Wir spinnen Gedanken weiter. Wir sprechen über sie. Wir denken über sie nach. Wir kauen sie immer und immer wieder durch, das sollten wir uns eingestehen. Wenn wir das nicht erkennen, haben wir falsche Fakten, die uns in die Irre leiten. Diese Missverständnisse verwirren uns. Reicht uns die Unwissenheit über die eine Wirklichkeit nicht aus?

Wie komme ich aus der Angst raus?

Wenn man mir beantworten kann, wie jemand in die Angst hineingekommen ist, komme ich gerne auf die Frage zurück.

Das heißt also, ich muss auch erkennen, was Angst ist und wahrscheinlich habe ich falsche Vorstellungen davon?

Auf der Ich-Ebene gibt es immer mehrere Lösungen. Da wäre die kleine Lösung: Ich gehe auf meine Angst ein und helfe meinem Ich, die Angst zu verstehen, zu bewältigen und damit umzugehen. Das ist langwierig und nicht immer von Erfolg gekrönt, weil das Ich von Natur aus uneinsichtig ist. Der eine liest Bücher über Angstbewältigung, der andere geht zu einem Therapeuten und der nächste versucht es mit Yoga oder Meditation. Alles mag hilfreich sein, um Angst zu beschwichtigen, aber es bleibt im Unklaren, wo Angst herkommt, was es mit ihr auf sich hat und in welchem Bezug sie zu uns steht. Kommen wir zur großen Lösung: Als Beobachter richten wir die Aufmerksamkeit auf die Angst. Nach einer Weile kann man bemerken, dass die Angst etwas von mir unabhängig Existierendes ist und nicht zu mir gehört. Infolgedessen kommt der Beobachter zur Einsicht, dass er keine Angst hat, sondern dass hier ein Ich existiert, das sich mit der Angst identifiziert. Das Ich identifiziert sich mit allem, das liegt in seinem Wesen. Wer in der Identifikation mit dem Leben steht, lebt im Hamsterrad. Das hatten wir schon festgestellt.

Was wir zwischenzeitlich erfahren haben: Alles, was zu mir gehört, ziehe ich an. Alles, was nicht zu mir gehört, ziehe ich nicht an. Was also könnte mir passieren? Die Angst ist der Gegenpol der Liebe. Wer Angst hat, dem fehlt es an Vertrauen. Wer nicht vertraut, hat seine Heimat verlassen und den Kontakt zu sich selbst verloren. Diesen gilt es wiederherzustellen. Das Ich hat allen Grund, Angst zu haben, seine menschlichen Unzulänglichkeiten bezeugen das. Es wird immer alles kontrollieren und sogar die Angst im Zaum halten. Nur merkt es recht schnell, dass die Angst stark ist und scheinbar am längeren Hebel sitzt. Das Ich kann nichts tun, um die Angst abzuschütteln. Also: ab ins Zeugenbewusstsein. Beobachten wir die Angst und verweilen wir so lange bei ihr, bis sie erträglich wird und wir eine Distanz einnehmen können. Erst wenn wir die Dinge distanziert betrachten, ohne uns auf sie zu beziehen, wird der Wandel eingeleitet.

Das Erfahrungsinstrument Mensch darf Angst haben, weil es den Gesetzmäßigkeiten ausgeliefert ist. Doch es gibt immer einen Weg, etwas zu ändern. Das Ich kann aufgrund der Gesetzmäßigkeiten nicht aussteigen, aber mithilfe seiner Intuition und seiner inneren Kraft ist es in der Lage, das Erfahrungsinstrument Mensch als etwas zu durchschauen, das nur vorübergehend im Bewusstsein erscheint.

Gehören Gewohnheiten auch zu unserem Sosein?

Wir sind, wie wir sind und unser Sosein ist auch mit Gewohnheiten ausgestattet. Bei unserer Geburt waren diese noch nicht vorhanden, sie kamen nach und nach dazu. Schlechte Gewohnheiten sind hartnäckig und bestimmen unser Leben. Folgen wir einfach nicht mehr der Gewohnheit, sondern entscheiden wir in jedem einzelnen Fall neu, ob wir das jetzt so machen wollen.

Lassen wir diesen Hinweis auf uns wirken, weil er wie ein goldener Schlüssel ist. Jeder empfindet ungute Gewohnheiten als störend. Wohlgemerkt fallen sie dem Ich lästig und nicht dem Selbst. Wenn wir Gewohnheiten nicht weiter nähren, werden sie nach und nach verblassen. Wenn eine Gewohnheit aufkommt, müssen wir ganz genau beobachten, ob wir sie weiterhin pflegen und die Aufmerksamkeit beibehalten wollen. Halten wir die Aufmerksamkeit nicht auf das gerichtet, was nicht sein soll, sondern richten wir unsere Aufmerksamkeit auf das, was sein soll. So ziehen wir keine ungewollten Umstände in unser Leben.

Folgende Erfolgserlebnisse habe ich schon zu verbuchen:

____

____

____

____

____

Wo möchte ich Loslassen praktizieren? Welche Lebensbereiche möchte ich verändern?

____

____

____

Das werde ich als Nächstes loslassen:

GLÜCK UND FREUDE

Was ist wahres Glück und was ist echte Freude?

Oft sagen wir: »Jetzt habe ich aber Glück gehabt!« Somit machen wir Glück von Umständen abhängig. Wahres Glück hat aber nichts mit dem zu tun, was im Leben geschieht. Glück ist kein Umstand, der gelungen ist oder eine Überraschung, die uns widerfährt. Wahres Glück wohnt tief in uns. Eigentlich ist es immer vorhanden. Wie kann es dann sein, dass wir unglücklich sind? Wer unglücklich ist, hat vergessen, was wahres Glück ist und hat sich in den Umständen verloren. Er ist in den Sorgen- oder Angsttraum abgerutscht und hat demnach seinen Balanceraum verlassen. Wahres Glück liegt in der Mitte, es ist nicht außerhalb aufzufinden. Natürlich gibt es Ereignisse, die uns glücklich machen und uns Freude bereiten. Das ist wunderbar! Aber dieses Glück, so schön es auch ist, es vergeht. Etwas, was nicht von Bestand ist, kann man nicht mit dem wahren Glück gleichstellen. Das Ziel ist es also, in dieser Geisteshaltung von Glückseligkeit, unserer wahren Natur, zu verweilen und aus ihr heraus das Leben zu beobachten und geschehen zu lassen. Wenn wir uns über etwas freuen, geschieht dies auch meist aus einem Anlass heraus. Muss immer etwas Außerordentliches geschehen, damit wir Freude empfinden? Wir freuen uns natürlich und fühlen uns glücklich, wenn wir Pflanzen und die Schönheit der Natur beobachten. Es ist eine andere Freude, die sich der wahrhaftigen Freude annähert. Denn es ist nichts geschehen, außer einer Beobachtung. Wenn eine Beobachtung mein Herz öffnet, ist die Freude echt. Wenn die Freude aber an Erwartungen, Gewinn, Erfolg oder Ansammlung von Gütern geknüpft ist, handelt es sich um einen momentanen und vorübergehenden Zustand der Freude. Dieser ist abhängig von etwas und wir alle wissen, wie schnell sich das Leben verändern kann. Sobald das scheinbar positive Ereignis verschwindet oder in ein negatives umschwenkt, ist die Freude dahin. Man kann kurzweilige Freude genießen, aber erstrebenswert ist die, die von Dauer ist, weil sie es ist, die uns wirklich erfüllt. Nur unsere wahre Natur kann uns erfüllen und sie ist von Bestand und dauert ewig an.

Wahres Glück und wahre Freude, das klingt fast unerreichbar …

Wahres Glück und wahre Freude sind also nie von etwas abhängig. Glücklich zu sein und sich zu freuen, sind hingegen vorübergehende Empfindungen, die durch irgendetwas ausgelöst werden.

Freude und Glück sind unser wahres Wesen, das vom Mantel des Ichs verdeckt ist. Setzen wir alles daran, diesen Mantel eines Tages abzulegen, damit unser wahres Wesen zum Vorschein kommen und sich vollkommen entfalten kann. Wahre Freude und Glück lassen sich nicht beeinflussen und wir können auch nichts dafür tun, um diesen Urzustand willentlich freizulegen. Unsere Bewusstwerdung sorgt dafür, dass dieser Mantel immer transparenter wird. Deshalb ist es so wichtig, sich einer bewussten Lebensform zuzuwenden und dadurch durchlässiger, zugänglicher, unkomplizierter, offener, freier und losgelöster zu werden. Das Leben zu beobachten, es frei fließen zu lassen und nicht willentlich in den Prozess des Erwachens einzugreifen, ist der Nebeneffekt des Sich-Fallen-Lassens. Ins Leben einzugreifen, es zu manipulieren und es ständig anders haben zu wollen, bewirkt das Gegenteil. Wofür also wirst du dich entscheiden?

Wie komme ich in die Freude?

In dem Moment, in dem man in sich selbst angekommen ist, kann man es nicht mehr verhindern, in ständiger stiller Freude zu sein. Bis dahin sollten wir, wie bereits mehrmals erwähnt, nach innen gehen und nach der Freude Ausschau halten. Wir sollten aufrichtig und respektvoll sein und unsere menschlichen Züge erweitern. Ein Mensch mit einem guten Herzen, guten Absichten und der Bereitschaft, sich Veränderungen zu öffnen, wird sich früher oder später automatisch in dieser Freude wiederfinden. Wir sollten aber nichts tun, von dem wir nur denken, dass es uns hilft oder weiterbringt. Berechnung hat mit Spiritualität nichts zu tun und sie hat auch keinen Nutzen. Nutzen oder Benutzen sind Eigenschaften, die für das Ego zählen und nicht für das Selbst. Die Freude genügt sich selbst und weiß nicht, ob sie sinnlos oder nutzbringend ist. Die Freude ist einfach die Freude. Und aus dem Grund sollten wir sie nicht aus den Augen verlieren und frei von Erwartungen nach ihr trachten. Wenn dies völlig unpersönlich geschieht, dann geht es auch ganz leicht. Wer darauf vertraut, dass die Freude eines Tages zu ihm findet, weil er von diesem inneren Schatz weiß und sich dessen gewiss ist, wird sie auch erfahren. Wer erwacht, wird selbst zur Freude und zur Freude für die Welt.

Ich nehme an, mit dem Glücklichsein verhält es sich genauso?

Das stimmt. Frage dich an dieser Stelle, ob du glücklich sein willst oder ob du Glück sein willst. Diese Frage mag etwas verwirrend klingen. Vielleicht hat es den Anschein, dass beides dasselbe ist. Nur das Ich kann glücklich sein, das Selbst ist Glück. Glück ist kein vorübergehendes Empfinden, sondern die Eigenschaft unseres eigentlichen Seins. Strebe stets nach dem Höchsten und bemühe dich jeden Tag mindestens einmal um dich selbst. Schau hin, wie es dir geht, sei nicht zu streng zu dir selbst und erlaube dir auch mal, unglücklich zu sein. Warum nicht? Dieses ständige Schwanken zwischen Ablehnen und Anziehen, Haben-Wollen und Nicht-Haben-Wollen erschafft die größten Probleme. Warum springen und bewegen wir uns immer hin und her? Wann wollen wir in der Mitte bleiben? Wie soll das Leben harmonisch ablaufen, wenn wir so sprunghaft sind? Es scheint genauso wechselhaft und launisch zu sein wie wir selbst. Das ist es an sich nicht, nur weil es uns spiegelt, tritt es uns so entgegen. Es kann uns ja immer nur das gegeben werden, was wir in das Leben hineingeben. Wenn es doch unser Spiegelbild ist, sollten wir ihm dann nicht das richtige Futter geben? Mir ist die Spiegelung nicht egal, weil es meine Lebensumstände sind. Warum darf Glück da sein und Traurigkeit nicht? Warum darf der Gewinn da sein und der Verlust nicht? Das Problem liegt nicht darin, zu gewinnen oder zu verlieren, sondern dass wir uns immer auf eine Seite stellen. Das eine wird vehement abgelehnt und das andere verbissen angestrebt. Lassen wir doch das Leben so sein, wie es ist. Wenn wir Glück und Unglück gleich behandeln, bedeutet dies, dass wir das Leben bejahen und mit ihm im Einklang sind. Wir sind eins mit dem Leben und es sollte keinen Teil geben, mit dem wir nicht einverstanden sind. Natürlich klingt es eigenartig, wenn wir davon sprechen, dass wir Schmerz annehmen sollen. Aber was bleibt uns anderes übrig? Natürlich gibt es gewisse Möglichkeiten, um Schmerz zu lindern und ihn erträglich zu machen. Doch gibt es einen Grund dafür, dass er uns besuchen gekommen ist. Was will er uns sagen? Das gilt es herauszufinden, denn der Schmerz und besonders die unangenehmen Dinge im Leben sind die besten Lehrer.

Wenn es ungemütlich wird, schreiten wir plötzlich flott voran und öffnen uns für Dinge, denen gegenüber wir uns zuvor verschlossen haben. Der Mensch wird gezwungen, seine Komfortzone zu verlassen. Man lebt in einer illusorischen Sicherheit, in einer Seifenblase, bis das Leben kommt und wie ein Stachel das Wohlbefinden zerplatzen lässt. Meistens geschieht dies auf einen Schlag. Wir glauben immer, dass das Leben so weitergeht wie bisher. Wir wissen es zwar, uns ist aber dennoch nicht bewusst, dass im nächsten Augenblick alles völlig anders sein kann. Dies sollten wir uns bewusst vor Augen halten, damit wir Dankbarkeit erfahren können. Wer jeden Tag tief in sich Dankbarkeit empfindet, entwickelt sich zur Liebe hin. Das ist das höchste Ziel, das man im Leben erreichen kann. Und dies wäre auch eine weitere Antwort auf die Frage, die wir bereits gestellt haben. Dankbarkeit ist wie ein Werkzeug, mit dem wir am Ich feilen können, damit es transparenter und geschmeidiger wird.

Wie schaffe ich es, dauerhaft Glück zu empfinden, unabhängig davon, was im Außen passiert?

Die Frage, die sich stellt, ist, ob du wirklich dauerhaftes Glück anstrebst? Vielleicht wünschen wir uns das alle, dennoch sind wir aber im herkömmlichen irdischen Glück verhaftet, das sich nur vorübergehend einstellt. Dauerhaftes Glück liegt außerhalb des Bereichs des Ichs. Es ist dort angesiedelt, wo kein Gedanke und keine Persönlichkeit existieren. Wir wollen zwar alle keinen Schmerz erfahren und am besten immer glücklich sein, sind in der Regel aber nicht wirklich dazu bereit, Altes hinter uns zu lassen. Es geht nicht darum, sein Leben aufzugeben, sondern alte Denkstrukturen und Gewohnheiten zu durchleuchten und loszulassen. Wenn wir uns immer im gleichen Fahrwasser aufhalten, kann sich nichts ändern. Es ist offensichtlich, dass man etwas dafür tun und dazu beitragen muss, um sich selbst ein Stück näherzukommen. Erwachen wird einem nicht geschenkt, es ist ein Bewusstwerdungsprozess, der uns einiges abverlangt. Bequemlichkeit und Sicherheitsdenken sind hier die falschen Attribute. Wir lassen uns zu stark von äußeren Geschehnissen beeinflussen. Es beginnt schon damit, dass Menschen schlechte Laune haben, wenn das Wetter nicht gut ist. Ich kenne Menschen, die depressiv werden, wenn es den ganzen Tag nebelig ist. Der Nebel ist so wunderbar, so frisch und belebend, wie kann man ihn nicht mögen? Vielleicht empfindet man den Nebel als unangenehm oder bedrohlich, weil das Ich vernebelt ist? Schlechtes Wetter fördert Depressionen. Daran kann das Wetter aber eigentlich nicht schuld sein. Unser trostloses, tristes und depressives Innenleben wird uns aufgezeigt und da versteht es sich doch von selbst, dass wir uns dabei unwohl fühlen. Wir merken zwar nicht, dass dies mit uns zu tun haben könnte, aber wir fühlen uns schlecht. Wir könnten uns aufraffen und uns dazu überwinden, dieses schlechte Gefühl zu hinterfragen. Wenn wir nämlich erkennen, dass es uns etwas damit aufzeigen will, kann sich die Situation ändern. Auch wenn wir die Sonne nicht sehen, sie ist ja trotzdem vorhanden. Wer die Aufmerksamkeit auf die innere Sonne anstatt auf den äußeren Nebel richtet, ist weise und wird sich aus der Trostlosigkeit befreien können.

Über dem Selbst, der absoluten Erfüllung, hängt eine Dunstglocke. Diese Dunstglocke zeigt uns, dass etwas nicht in Ordnung ist oder etwas anders werden muss. Freude, Leichtigkeit und Gelassenheit verstecken sich hinter all dem, was wir ablehnen. Schauen wir einfach bei uns selbst hin, wie wir uns ständig beeinflussen und runterziehen lassen. Es muss gar nichts Arges geschehen. Oft sind es nur Kleinigkeiten und schon haben wir schlechte Laune. Wie wollen wir so das dauerhafte Glück anstreben, wenn wir nicht einmal das kleine irdische Glück erkennen und zu schätzen wissen? Vielleicht ist Zufriedenheit der Schlüssel zum Glück? Mit allem im Einklang zu sein, ganz gleich, wie es ist und was es ist, ist eine große Kunst. Dazu muss man nicht alles bejahen und gutheißen. Wer realisiert hat, dass die Dinge so, wie sie sind, in Ordnung sind, kann in jedem Augenblick Zufriedenheit leben. Strebe nicht nach dauerhaftem Glück, strebe nach gar nichts. Erfülle den Augenblick und erkenne darin das Wundersame und die Einzigartigkeit. Wenn du dann auch noch Widerstände abbaust, dich mit Kritik und vorschnellen Meinungen zurückhältst, wirst du schon bald Änderungen erkennen.

Wenn man eine Krise hat und unglücklich ist, weil man ein Problem hat, wie löst man dann dieses Problem?

Menschen haben Probleme, weil sie nicht wissen, was ein Problem ist. Ein Problem ist eine Aufgabe, die man ablehnt und der man sich nicht stellen will, sich ihr also am liebsten entziehen will. Es ist eine Lebenssituation, die einem unwissentlich widerspricht, die aber nicht unbedingt etwas aussagen muss. Es ist eine Wirkung, die einer Ursache entspringt. Alles ist eine Spiegelung unseres Soseins. Wie wir bereits schon gehört haben, ist das Nicht-Einverstanden-Sein das eigentliche Problem, nicht die Sache an sich. Man kann nicht ein Problem lösen, das es eigentlich gar nicht gibt. Natürlich ist es für uns real, existiert aber in eigentlicher Form nicht richtig so, wie wir es sehen, erleben und verstehen. Wer versucht, das sogenannte Problem nur im Außen zu lösen, hat vergessen, dass das Problem die Wirkung einer Ursache ist. Man müsste also die Ursache ergründen. Doch dies ist nicht immer möglich und auch nicht unbedingt vonnöten. Ursachen können äonenweit zurückliegen. Warum also seine Zeit mit Suchen vergeuden, anstatt sich mit der Situation zu arrangieren? Wir können nur das Beste daraus machen und uns den Gegebenheiten fügen. Die Lösung eines Problems liegt also immer darin, sich nicht von den Umständen hinunterziehen zu lassen und sich ihnen nicht auszuliefern. Abstand ist somit die Lösung bei jedem Problem. Auch wenn das Ich eine Illusion ist, so ist das vermeintliche Problem aus der Ich-Perspektive heraus betrachtet gegeben. Ist es nun ein Problem oder ist es kein Problem? Dies entscheidet der Standpunkt. Aus der Sicht des Ichs, also des Egos, hat alles immer zwei Seiten. Das Selbst hat keine Sicht auf irgendetwas und auch keine Seiten. Alles ist in bester Ordnung und Krisen sind menschlich. Größere Krisen, die das ganze Weltgeschehen betreffen, sind immer kollektiv. Sie gehen uns alle an und auch sie haben etwas mit uns zu tun. Sie zeigen uns etwas auf und sind ebenfalls ein Spiegelbild. Dies sollten wir nicht außer Betracht lassen, bevor wir hier vorschnell ein Urteil fällen. Jeder Mensch sehnt sich nach Harmonie und kein Mensch möchte Leidvolles, wie Streitigkeiten oder Kriege, erleben. Dennoch sind sie not-wendig. Sie können unsere Not wenden, wenn wir endlich damit beginnen, uns auf das Wesentliche zu konzentrieren und unsere Augen nicht vor der Welt verschließen. Jeder zieht irgendwie so sein Ding durch. Jeder möchte sein Leben so angenehm wie möglich erleben, was durchaus nachvollziehbar ist. Wir sind aber keine Einzelwesen, wir erscheinen nur als ebensolche. Vielen ist klar, dass das Leben nicht so weitergehen kann wie bisher. Der Massenkonsum oder die rasante Entwicklung im digitalen Bereich sind nur zwei Aspekte, die uns von der Menschlichkeit abkoppeln. Wir mutieren immer mehr zu Robotern, anstatt uns auf einfache und natürliche Dinge zu besinnen, die unserem eigentlichen Wesen entsprechen. Wir sind fühlende Lebewesen, die sogar verlernt haben, zu kommunizieren, weil wir andauernd mit dem Handy oder Laptop beschäftigt sind. Eine Krise ist somit immer eine Chance, das ist wahr. Und wer sich nicht mehr ausschließlich über die Sinne definiert, rückt der Wahrheit näher.

Was ist der Unterschied zwischen Nicht-Tun und Nichtstun?

Unter Nichtstun versteht man, die Hände in den Schoß zu legen und nicht am Leben teilzunehmen. Nicht-Tun bedeutet nicht nichts zu tun, sondern die Dinge geschehen zu lassen. Wir fungieren als Beobachter und führen Handlungen aus, die aber absichtslos und frei von Erwartungen sind. Das Nicht-Tun fügt sich in den Lebensablauf ein, ohne sich persönlich einzumischen. Natürlich müssen wir Entscheidungen treffen und ohne Handlungen geschieht nichts. Wir sollten uns immer als ausführendes Organ sehen und nicht als der, der tut, plant und bestimmt. Das hat natürlich auch etwas mit Vertrauen zu tun. Wenn dieses fehlt, werden wir unter keinen Umständen den Dingen ihren freien Lauf lassen können. Wir bilden uns ja ein, dass wir eingreifen müssen, damit sich die Dinge so entwickeln, wie wir sie uns vorstellen. Doch die Dinge geschehen auch, ohne sie bewusst manipulieren und steuern zu müssen. Sie passieren so oder so und können sich ohne Vorstellung frei entfalten. Bei Vorstellungen und Wünschen laufen wir hingegen Gefahr, immer und immer wieder enttäuscht zu werden. Ist das wirklich in deinem Sinne?

Wenn man erwacht ist, ist man dann immer glücklich und in der Freude?

Ich kann gerne noch einmal darauf eingehen, aber dies müsste man eigentlich einen Erwachten fragen. Was auch immer er sagen würde, der begrenzte Verstand könnte es niemals begreifen. Wie der Erwachte lebt, lässt sich vom Ich nicht erfassen und wir können das weder verstehen noch können wir uns das vorstellen. Für den Erwachten gibt es weder ein Wie noch ein Warum und auch kein Wozu. Er lebt im Einklang mit allem, was ist – er ist Liebe. Und wie wir alle wissen, mischt sich Liebe nicht ein, sie ist. Das klingt sehr theoretisch und steif, obwohl es das überhaupt nicht ist. Wie erklärt man einem Menschen, der noch nie eine Banane gegessen hat, wie eine Banane schmeckt? Es ist ein Ding der Unmöglichkeit. Er muss die Erfahrung machen, selbst eine Banane zu essen. Somit sollten wir uns uns selbst widmen und uns nicht darum kümmern, was ein Erwachter fühlt oder tut. Wenn wir es ja so und so nicht verstehen können, warum also sich damit auseinandersetzen? Widmen wir uns lieber uns selbst, bleiben wir bei uns und bemühen wir uns, so authentisch und aufrecht wie möglich zu leben.

Folgende Fragen zum Thema wahres Glück beschäftigen mich:

Was bedeutet für mich Glück?

Was werde ich tun, um mich der wahren Freude anzunähern?

BEZIEHUNGEN

Wie gelange ich in eine vollkommene Beziehung?

Lass deine Beziehung immer vollkommener werden, indem du ein idealer Partner bist. Machtspiele und Rechthabereien machen die Beziehung unvollkommen. In einer Beziehung bezieht man sich aufeinander. Wer aus der Beziehung eine Partnerschaft, eine Gemeinsamkeit kreiert, wächst gemeinsam über sich selbst hinaus. Wenn sich eine Beziehung erfüllt hat, ist man gemeinsam in Harmonie und Liebe miteinander verschmolzen. Dies bedeutet, dass beide alles darangesetzt haben, ihr Ich zu transzendieren.

Was macht eine glückliche, erfüllende Beziehung aus? Was ist das Fundament für eine gelungene Partnerschaft?

Der Partner ist nicht der Mensch, der meine Erwartungen zu erfüllen hat. Es geht auch nicht darum, jemanden kennenzulernen, um in meinem Leben Lücken zu füllen. Es gibt so viele Dinge, die wir an anderen bemängeln, anstatt uns in Akzeptanz zu üben und den anderen als Lehrer zu erkennen. Viele Menschen haben eine falsche Vorstellung von Beziehungen und gehen mit falschen Erwartungen in die Partnerschaft. Eigentlich sind richtige und falsche Erwartungen keine Voraussetzung, um eine Beziehung zu beginnen. Eine glückliche Beziehung beginnt damit, dass man ein idealer Partner ist und nicht das perfekte Ich. Dem anderen auf seinem Weg zu helfen und für ihn da zu sein, ist eine gute Voraussetzung für eine harmonische Partnerschaft. Wir sollten alles daransetzen, damit das Leben unseres Lebensabschnittspartners leichter wird. Wer kein idealer Partner ist, wird auch keinen idealen Partner in sein Leben ziehen. Außerdem steht ideal ja auch für entsprechend und somit ist unser Partner eigentlich immer ideal. Wenn sie kein idealer Partner sind, sind sie auch nicht kompatibel für den idealen Partner. Wer ein idealer Partner ist, zieht automatisch den entsprechenden Gegenpol an. Das Geniale am Leben ist, dass es in jedem Moment den optimalen Partner für uns bereithält.

Auch eine Beziehung ist ein Lernprozess, genauso wie alle zwischenmenschlichen Begegnungen. Wir können immer etwas lernen und das Aufeinandertreffen hat uns immer etwas mitzuteilen. Was uns der andere sagen möchte, ist aber nicht immer offensichtlich. Wir tun uns schwer darin, das zu erkennen, weil wir uns zu schnell aufreiben. Was bedeutet das? Wir reiben uns am anderen und an Dingen und sehen nur das, was wir mit den Augen sehen. Wir schaffen es kaum, tiefer zu gehen und hinzuschauen, welches Geschenk Begegnungen oder Aussagen beinhalten. Was sie uns wirklich sagen wollen, was wir lernen und erkennen können und was der wahre Profit dieser Begegnung ist, bleibt oft unerkannt.

Jeder hat in jedem Augenblick den idealen Partner an seiner Seite. Dieser ist seiner Meinung nach vielleicht nicht ideal, aber genau das, was wir als solches erachten, beinhaltet eine Aufgabe. Wenn das Ich die Schwäche aufweist, das Sosein des anderen nicht zu akzeptieren, ist es dann nicht meine Schwäche? Ja, es ist meine Schwäche – das, was ich am anderen bemängele, wird nicht als Spiegelung erkannt. Es sind immer unsere eigenen Unzulänglichkeiten, mit denen wir konfrontiert werden. Das ist nicht immer angenehm, aber wenn man wegschaut, wird alles beim Alten bleiben. Der Partner ist selten das, was wir als Wunschpartner verstehen. Er ist dazu da, meine Schattenseiten zu heilen und nicht dafür, um meinen Vorstellungen zu entsprechen. Zumindest gibt mir das Leben durch diese Person die Chance, mich selbst zu entdecken. Mit seiner Hilfe kann es gelingen. Wenn ich diese Hilfe ablehne oder diese unerkannt bleibt, wird der nächste Partner ziemlich ähnlich ausfallen. Somit ist ein häufiger Partnerwechsel nicht die richtige Entscheidung auf der Suche nach Glück.

Wie kommt es in einer Beziehung zu einem harmonischen Fluss?

Zuerst muss man den falschen Maßstab in der Beziehung loslassen, nämlich dass es immer angenehm sein muss. Das ist nicht das Ziel der Evolution. Beziehung soll beiden Beteiligten helfen und sie von Missverständnissen und ihren Fehlsichten befreien. Auf Partnerschaftsportalen geht es darum, die richtigen Menschen zusammenzubringen. Dort dreht sich alles um die Frage, welcher Partner zu uns passt. Aussehen, Sympathie und gemeinsame Hobbys sind aber nicht die besten Kriterien, wenn es um die Partnerwahl geht. Warum dieser Markt von Partnerschaftsvermittlungen so floriert, kann man kaum nachvollziehen. So viele Menschen sind auf der Suche. Ich kann das verstehen, aber zuallererst muss man sich selbst ein guter Partner sein, bevor man sich auf jemanden einlässt. Suche bezeugt den Mangel. Erst wenn man mit und ohne Partner glücklich sein kann, ist man in sich angekommen.

Es ist wunderbar, wenn es für einen selbst keinen Unterschied mehr macht, ob man seine Zeit mit Partner oder ohne Partner verbringt. Menschen, die alleine sind, fühlen sich oft einsam. Man kann auch alleine rundum zufrieden sein, indem man All-Eins ist. Der Mensch sehnt sich nach einem Partner, etwas fehlt. Entweder ist ihm langweilig oder er sehnt sich nach Zuneigung, nach Aufmerksamkeit, nach Unterhaltung, nach körperlicher Nähe oder nach Gesprächen. Jetzt soll ein Partner ins Leben treten, der dies alles erfüllen und ausfüllen sollte. Ein Mensch, dem es an nichts fehlt, wird einen harmonischeren Partner in sein Leben ziehen als einer, der in Disharmonie lebt. Wir sollten darüber nachdenken, warum uns im Leben so viel fehlt und warum wir uns ständig auf das konzentrieren, was wir nicht haben, anstatt uns über das zu freuen, was das Leben uns gibt. Ein harmonischer Fluss stellt sich ein, wenn zwei Menschen frei von Erwartungen aufeinandertreffen, sich gegenseitig unterstützen und helfen, den anderen in allen Belangen respektieren und akzeptieren. Wer in seiner Mitte ruht, dem mangelt es an nichts und der kommt auch nicht auf die Idee, nach etwas zu suchen. Warum die Aufmerksamkeit auf das richten, was fehlt, anstatt sich aus dem Mangel zu befreien und sich an dem zu freuen, was im Moment vorhanden ist. Und ehe man sich versieht, wird man, sofern es das Leben vorgesehen hat, einem Partner begegnen.

Wie kann man sich den gemeinsamen Weg vorstellen? Braucht es eine gemeinsame Vision?

Es reicht aus, wenn beide Menschen liebevoll, verständnisvoll und einfühlsam sind. Auch das ist eine Vision, die Vision der Liebe. Visionen sind ja immer Vorstellungen. Ich glaube, das Zusammenkommen selbst ist schon Vision und es bedarf nicht unbedingt gemeinsamer Ziele. Das Ziel ist ja im Außen und die Liebe im Inneren. Das Selbst nimmt wahr, was zu tun ist und lässt dies geschehen. Es handelt aus einem Instinkt heraus und folgt seiner Intuition. Visionen sind nicht falsch, aber nicht hilfreich, wenn es ums Erwachen geht. Das Selbst hat keine Verwendung für eine Vision. Wenn man nämlich nicht mehr den Neigungen seiner Persönlichkeit folgt, öffnet man sich dem wahren Ziel, seiner eigentlichen Größe. Das Ziel ist nicht irgendwo, sondern hier und jetzt. Somit sollten wir von der persönlichen Sicht und von jeglichen willentlichen Anstrengungen ins mühelose Jetzt eintauchen, wo die Wahrnehmung regiert. Dann wird es ganz leicht und man tut das, was gerade zu tun ist. Man erfüllt den Augenblick und dadurch reihen sich erfüllte Momente aneinander. Klingt das nicht einladend? Die Augenblicke sind dann wie Perlen einer Perlenkette, die sich harmonisch aneinanderreihen und ein erfülltes Leben spiegeln.

Wenn ich in einer Beziehung bin und meinen Partner so liebe, wie er ist, und es trotzdem disharmonisch und er distanzierter wird, was bedeutet das?

Wird er wirklich so akzeptiert, wie er ist? Wenn du nicht damit einverstanden bist, dass er sich distanziert, dann liebst du ihn ja nicht so, wie er ist, oder? Deine Vorstellungen sind demnach Harmonie und Nähe. Wenn wir Vorstellungen fallen lassen, kann sich etwas ändern. Nur das Ich kann etwas als negativ empfinden oder ablehnen. Das Selbst kennt das nicht, weil es nicht bewertet. Es stellt fest, wie es ist und das ist alles. Es hat keine Ablehnung oder Abneigung gegen etwas, bevorzugt auch nichts. Jede Situation bietet eine Chance zum Besseren. So kann ich das tun, was notwendig ist, sollte mir aber im Klaren darüber sein, dass etwas Negatives nur in meinen Vorstellungen existiert. Es ist, wie es ist. Das Ich bezeichnet es als gut oder schlecht. Es kann aber nie meine Bezeichnung sein, da es aus sich heraus nichts zu bedeuten hat. Somit sollte ich an meinem Denken und Empfinden arbeiten und feststellen, wen es stört und warum es mich stört. Dass es mich persönlich stört, steht fest, aber warum? Das Ich will es eben immer anders haben, was das eigentliche Problem ist.

Wie kann man im Alltag als Paar wirkliche Nähe und Harmonie leben? Was kann man tun?

Wie können wir das nicht erleben? Was sollten wir tun? Es gibt nichts zu tun. Wir sind uns einander nahe, wenn wir uns füreinander öffnen und es fließen lassen. Der Mensch hat eine Vorstellung davon, dass eine Partnerschaft immer harmonisch und himmelhoch jauchzend sein muss. Zumindest hegt er diesen Wunsch. Dass wir unterschiedliche Meinungen haben, ist oft schon ein Problem. Dass wir unterschiedliche Vorlieben und Vorstellungen haben ebenfalls. Was spielt das für eine Rolle? Es ist völlig normal, dass wir alle anders ticken. Wenn Meinungen, Vorlieben und Vorstellungen einen Einfluss auf Harmonie oder Nähe haben, läuft etwas falsch. Wer sich wirklich nah ist, rückt nicht zu eng zusammen und entfernt sich nicht zu weit voneinander. Wer im Einklang ist und in seiner Mitte, wird sich von nichts beeinflussen lassen. Schon gar nicht von Verhaltensformen, die jeder beliebig an den Tag legt. Ob Prägungen oder Gewohnheit, wir alle sind verschieden. Es gibt in jeder Partnerschaft Höhen und Tiefen und Momente, wo man sich mal mehr und mal weniger mag. Aber das ist überall so. Das hat auch mit unserer Tagesverfassung zu tun. Der Mensch ist ein sehr sensibles Wesen und ständig unsichtbaren Schwingungen ausgesetzt, die unter anderem auch auf Situationen basieren. Somit ist er manchmal stabiler und manchmal instabil. Das darf so sein und ist unbedingt richtig. Wir sollten keine Harmoniesucht entwickeln und die Vorstellung ablegen, dass immer alles perfekt und gut sein muss. Auch wenn es das einmal nicht ist, wer außer unserem Gehirn sagt uns, wie es sein soll?

Wenn man wirklich liebt, hat man dann keine Angst mehr um die Treue des Partners?

Treue wird überbewertet. Sie kommt in der Natur ganz selten vor. Natürlich könnte man auch mehrere Partner haben, aber was bringt einem das? Sexuelle Befriedigung ist kein Maßstab fürs Leben. Menschen, denen es nur um Körperlichkeit geht, können das durchaus so leben. Es ist ihre Entscheidung, und wenn sie das möchten, ist das auch okay. Menschen, die sich spirituell ausrichten, können durchaus ein erfülltes Sexualleben führen, stellen es aber nicht in den Vordergrund. Für sie gehört es dazu und es ergibt sich ganz von selbst. Hormongesteuerte Zyklen, im Zuge derer man animalischen Gelüsten hinterherläuft, haben sie abgelegt. Sexualität ist etwas Wunderbares, denn ohne sie würden wir ja nicht existieren. Man sollte sie, so wie alles andere, nicht überbewerten. Wer im Einklang lebt, lehnt nicht ab und bevorzugt nichts. Er fließt mit den Ereignissen des Lebens, ohne sie zu wollen oder abzulehnen. Was sich ergibt, ergibt sich und was sich nicht ergibt, ergibt sich eben nicht. Viele Menschen, die von Treue sprechen, bilden sich ein, Besitzansprüche stellen zu können. Sie glauben, dass der Partner ihnen alleine gehört. Dann gibt es auch die, vor denen nichts mit zwei Beinen des anderen Geschlechts sicher ist. Warum sollte ich mich anderweitig orientieren, wenn ich mit jemandem eins bin?

Menschen, die ständig nach anderen Ausschau halten, leben auf der reinen Persönlichkeitsebene. Es ist das Ego, das rastlos und ständig auf der Suche ist. Es braucht Selbstbestätigung und muss sich immer wieder aufs Neue beweisen, was äußerst anstrengend ist. Ein Partner, der sich auch anders orientiert, muss ja nicht mein Partner bleiben. Ich habe jederzeit die Möglichkeit, die Beziehung zu beenden. Ich kann sein Verhalten akzeptieren, oder eben auch nicht. In diesem Fall wäre eine Veränderung angebracht.

Wie gehe ich damit um, wenn jemand in meinem Umfeld negativ eingestellt, schlecht gelaunt oder provokativ ist?

Ganz einfach: Es geht nie um das Verhalten des anderen, sondern immer um eine Reaktion. Lasse ich mich vom anderen hinunterziehen oder kann ich mich aus der Situation heraushalten? Ich würde mir folgende Fragen stellen: Was hat das Verhalten des anderen mit mir zu tun? Warum fühle ich mich persönlich angegriffen? Warum reagiere ich?

Für viele Menschen ist es eine Herausforderung, sich abzugrenzen, wenn sie sich auf den Weg machen. Gibt es da vielleicht einen Tipp, damit der andere, den Bewusstwerdung nicht interessiert, sich nicht abgelehnt fühlt?

Wir sind ja alle ständig auf dem Weg. Das macht uns aber nicht zu einem besseren Menschen. Und warum sollte ich mich abgrenzen? Nur ein Ich grenzt sich ab, das Selbst bleibt davon unberührt. Diese Frage ist eine typische Ich-Frage. Wie sich der andere fühlt oder wie er denkt, darauf kann ich keinen Einfluss nehmen. Warum kümmern wir uns immer um die anderen, anstatt bei uns zu bleiben? Das ist das eigentliche Problem. Ob sich jemand für Bewusstwerdung interessiert oder nicht, niemand bleibt stehen. Auch wenn es nicht den Anschein hat, unweigerlich entwickeln wir uns alle weiter, auch wenn es nicht immer offensichtlich ist. Die Entwicklung der anderen ist immer von uns selbst abhängig. Also sollten wir uns um unsere Bewusstwerdung bemühen, damit sich weltweit etwas ändern kann. Abgrenzung ist demnach keine Lösung, sondern bewusstes Sein. Wenn wir bei uns, in uns angekommen sind, beeinflussen wir nichts und niemanden vorsätzlich. Es geschieht automatisch. Das Sein selbst ist die Ursache dafür, dass sich in allen und allem Änderungen vollziehen. Die reine Anwesenheit eines Selbst verwandelt alles. Die Wirklichkeit beeinflusst die Illusion, nicht die Illusion die Wirklichkeit.

Was ist Liebe?

Wahre Liebe bezieht sich auf nichts. Sie ist der Ursprung aller Dinge und reine Energie. Menschliche Liebe ist die Empfindung, die man für seinen Partner oder sein Kind hegt. Es gibt Tausende Formen von Liebe. Wir können alles Mögliche lieben, das haben Gefühle so an sich. Die wahre Liebe ist keine vorübergehende Emotion, sondern ein unveränderlicher Seins-Zustand, der immer gegeben ist. Das Selbst ist die Liebe. Da sie sich in allem erfährt, sieht sie in allem nur Liebe. Jemanden rein emotional zu lieben, ist wunderbar, aber eben nicht von Bestand. Das ist auch gar nicht möglich, da alles, was auf der Erde erscheint, der Vergänglichkeit unterliegt. Die Mutterliebe kommt der göttlichen Liebe am nächsten, weil sie bedingungslos ist.

Was kann ich tun, wenn ich unglücklich verliebt bin?

Verliebtsein kann momentan sehr glücklich machen und uns Schmetterlinge bescheren. Unglücklich verliebt zu sein, ist ja nichts anderes als eine Reaktion – und zwar, etwas nicht bekommen zu haben, was man unbedingt haben wollte. Auch dieser Zustand ist ein Widerstand gegen die Gegebenheiten. Ich kann ja nichts dazu beitragen, damit mich ein anderer mag. Und trotzdem wünsche ich mir die Zuneigung eines Menschen, der sie mir nicht entgegenbringt. Das ist sehr eigenartig, in der Pubertät aber völlig normal. Erwachsene sollten über diese kindlichen Wünsche und Vorstellungen hinauswachsen, wenn sie nicht ernsthaft Probleme bekommen wollen. Das Problem ist ja nur da, weil ich etwas nicht bekommen kann. Warum will ich etwas, das mir nicht zugedacht ist?

Eigentlich gibt es keine unglückliche Liebe, sondern nur hilfreiche Erfahrungsprozesse. Es braucht eine gewisse Reife, um das zu erkennen. Deshalb sollten wir das Ganze nüchtern betrachten, anstatt uns Dinge auszumalen, die mit der Realität nichts am Hut haben. Auch die Romantik ist verspielt und mit Vorsicht zu genießen. Sie tendiert zur Verliebtheit, die mit der reinen Liebe nichts gemein hat. Dieses gegenseitige Verwöhnen und sich Gutes zu tun, ist okay, es sollte sich aber nicht nur auf den engen Familien- und Freundeskreis beschränken. Wer sich diesbezüglich zu sehr auf Partnerschaft, Familie und Freunde konzentriert, scheint all die anderen Menschen vergessen zu haben. Erst wenn sich die Liebe auf alle Lebewesen ausgedehnt hat, können wir von wahrer Liebe sprechen.

Wie stelle ich mir (m)eine Beziehung vor?

Was stört mich in meiner Beziehung? (Wenn ich nicht in einer Beziehung bin: Was hat mich in meiner letzten Beziehung am meisten gestört?)

Was möchte ich tun, um meine Beziehung zu verbessern? (Wenn ich nicht in einer Beziehung bin: Welchen Schritt wage ich, um jemanden kennenzulernen?)

Ich bin alleine superglücklich, weil

Ich fühle mich einsam, weil

Was mir fehlt:

ZEITWENDE

Was geschieht an diesem Wendepunkt in dieser Zeit?

Alle haben in der Zwischenzeit bemerkt, dass wir vor großen Veränderungen stehen, die durchweg als dramatisch bezeichnet werden können. Die Pandemie war nur der Auslöser einer Krise, die jetzt erst beginnt. Krisen verlangen einen außerordentlichen Umgang, sich ihnen zu stellen, ist gewiss der weiseste Entscheid. Der Wandel betrifft die gesamte Erde, alle Ebenen des Seins müssen sich verändern. Gesellschaf, Politik und Wirtschaft sind die eine Sache, die andere ist, dass sich das alles auf jeden Einzelnen auswirken wird. Als Ich sind wir mit dieser Situation überfordert und ihr nicht gewachsen: Weil wir als Ich mittendrinstehen und im Außen nichts tun können, da der Wandel im Inneren erfolgt. Das Ich steht vor völlig neuen Erfahrungen und Herausforderungen, die es noch nie erlebt hat. Somit hat es keine Vergleiche, auf die es zurückgreifen kann. Die Welt kann sich ja nur verändern, wenn wir das tun. Somit sieht man, dass der Mensch mitten im Umbruch steht. Das Selbst handelt nicht bewusst, auch wenn es Handlungen vollzieht. Es sucht nicht nach Strategien und Lösungen und kämpft auch nicht gegen die Situation an. Es gibt sich einfach hin, und durch diese Hingabe, die Liebe ist, kann sich alles wandeln, ganz natürlich und von selbst. Das

Ich ist nicht die Wandlung, sondern die Handlung. Setzen wir also alles daran, zu dem zu werden, was wir innerlich längst sind: das Sein, durch das sich Wandlungen ganz natürlich und von selbst einstellen werden.

Vom »Erzwinger« zum Beobachter werden und beobachten, wie sich die Welt verändert, so lautet die Devise. Niemand kann sagen: Ich kann ja nicht nur zusehen und nichts tun. Man hat eigentlich genug zu tun, um ins Beobachten zu kommen und sich von der Ich-Rolle zu distanzieren. Das ist die grundlegende Veränderung, die notwendig ist, um in dieser Welt zu bestehen. Alles andere tun wir ohnehin. Das Leben verlangt uns ständig Handlungen ab, was der Lauf der Entwicklung so an sich hat.

Die meisten Menschen fragen sich, was sie tun können, um die Welt zu einem besseren Ort zu machen. Sie sollten sich selbst zu einem guten Ort machen und überprüfen, wie die Welt in ihrem Kopf, also in ihren Gedanken, aussieht. Ist sie dort in Ordnung? Ist sie es nicht, wie kann es dann die Welt sein? Des Weiteren stellt sich die Frage, wie ich mit den Umständen umgehe. Gehe ich mit ihnen oder gehe ich mit ihnen unter? Der Beobachter steht der Welt völlig neutral gegenüber. Es ist wie ein Film, der abläuft und seine eigene Dynamik besitzt. Dort ist es einfacher, nicht einzugreifen, weil man ja weiß, dass das nur ein Film ist. Aber ist die Welt etwas anderes?

Wie ist diese Frage gemeint?

Ich spreche von Kopfkino. Jeder hat einen anderen Film im Kopf, obwohl wir in der gleichen Welt leben. Darüber können und sollten wir uns Gedanken machen und nicht um Dinge, die unveränderlich sind.

Wieso ist die Welt so, wie sie ist?

Diese Frage kann wohl niemand beantworten. Definitiv ist die Welt nicht so, wie wir sie erleben. Sie müsste dann ja für jeden gleich sein. Ein jeder erlebt und empfindet sie anders. Alles, auch die scheinbare Unvollkommenheit der Welt, ist ein vollkommener Ausdruck des schlafenden kollektiven Bewusstseins. Wer erwacht, sieht die Welt klarer und bestimmt mit wacherem Blick. Der Zustand der Welt ist ein Spiegelbild des kollektiven Bewusstseins. Somit ist im vollkommenen Chaos alles richtig, auch wenn dies vom Ich nicht so wahrgenommen werden kann. Dass einiges schiefläuft, stimmt, aber dies trägt sich nur auf der Ich-Ebene zu. Auf der Ebene des Selbst ist alles in Ordnung, da sie Vollkommenheit ist. Das, was geschieht, entspricht dem vorhandenen Bewusstseinszustand und wie wir in der Zwischenzeit wissen, kann alles nur seiner Entsprechung folgen.

Gelten die Erfolgsgesetze in einer Krise auch im Kollektiv?

Die Erfolgsgesetze sind ja Teil der geistigen Gesetze. Das ganze Leben ist eingebettet in diese geistige Ordnung. Und ein Teil dieser geistigen Gesetze sind die Erfolgsgesetze. Und diese Gesetze kennen generell keine Ausnahmen. Das heißt, sie haben einen unsichtbaren Mechanismus, den man auch als *wenn-dann* bezeichnen könnte. Wenn dies oder das geschieht, geschieht dies oder das. Und wenn nicht, dann nicht. Das heißt also für die geistigen Gesetze, und natürlich auch für die Erfolgsgesetze, dass Umstände keine Rolle spielen. Sie sind völlig irrelevant. Sie sind völlig gleich-gültig, nicht in Form von egal, sondern in Form von gleicher Gültigkeit. Das menschliche Gehirn ist nicht in der Lage, das zu verstehen. Stellen wir uns einmal vor, wir kommen in einen dunklen Raum, in dem es stockdunkel ist. Angesichts dieser Tatsache kann man nichts sehen. Dem Raum ist es völlig egal, ob es dunkel ist, wie lange es schon dunkel ist oder wie dunkel es ist. Es kann schon zwanzig Jahre dunkel sein, was spielt das für den Raum für eine Rolle?

Nun kommt einer und macht das Licht an und die Dunkelheit endet. Auch das Licht interessiert es nicht, ob es dunkel gewesen ist und wie lange das schon so gewesen ist. Und genauso verhält es sich mit den geistigen Gesetzen, für die die Umstände wie bereits gesagt völlig unwichtig sind. Niemand kann sagen, was wichtig oder unwichtig ist, es liegt im jeweiligen Ermessen. Somit ist es der Mensch, der Maßstäbe setzt, Entscheidungen trifft, Dinge benennt und Vergleiche anstellt. Alles, was geschieht, basiert auf dem Prinzip von Ursache und Wirkung. Aus menschlicher Sicht gibt es eigentlich keine Illusion und auch keine Realität, sondern immer nur persönliches Empfinden. Es sind Momentaufnahmen, die überhaupt gar nichts mit der Realität zu tun haben.

Was ist denn die Realität in einer Krise?

Alles, was wir erleben, ist eine Form von Realität. Es ist eben nur *eine* Realität und nicht *die eine* Realität. Die eine Realität ist die Grundlage aller Umstände, die von uns als Realität bezeichnet werden. Für den einzelnen Menschen ist seine Realität gleichzeitig auch immer seine Wirkung. Seine Realität ist die Auswirkung, die man als Leben bezeichnet. Da jede Wirkung eine Ursache braucht, um in Erscheinung treten zu können, ist es unser Weltbild, unsere Sichtweise, die das formt, was wir als Realität empfinden. Es gibt so viele Realitäten wie es Menschen gibt auf der Welt. Angesichts dessen ist es umso wichtiger, alle persönlichen Realitäten zu respektieren. Um die unpersönliche

Realität brauchen wir uns nicht zu kümmern. Sie stellt sich eines Tages von selbst ein, wenn wir unser Bewusstsein weiten, Tugenden leben, zur Menschlichkeit zurückkehren und als Beobachter durchs Leben gehen.

Ist es sinnvoll, sich bei Diskussionen rauszuhalten und sich von Nachrichten fernzuhalten, wenn die Negativspirale nicht abzureißen scheint?

Das muss ein jeder für sich entscheiden. Grundsätzlich ist das eine gute Entscheidung, denn wenn man in ein Negativfeld und Kommunikationen eintaucht, läuft man Gefahr, sich daran zu beteiligen. Jedes unschöne Wort wird sich in eine unschöne Wirkung verwandeln. Wir hatten bereits darüber gesprochen, dass jede Ursache eine Folge nach sich zieht. Negative Wörter sollten nicht unterschätzt werden. Sie fallen immer auf uns zurück, ganz gleich ob morgen, in einem Jahr oder erst im Zuge der nächsten Inkarnation.

Nachrichten an sich sind neutral. Auch wenn sie negativ dargestellt werden, so könnten wir uns rein theoretisch innerlich davon distanzieren. Da das für das Ich nicht möglich ist und es sich ständig zu Bewertungen hinreißen lässt, bin ich schon wieder beim Thema Beobachten angelangt. Wer sich emotional nicht mit Hiobsbotschaften vermischt, bleibt davon unberührt. Doch wie weit ist das möglich, wo wir doch Gefangene unseres Ichs sind? Es gelingt nur mit viel Achtsamkeit, Disziplin und vor allem Ausdauer. Muss man sich schlechte Nachrichten ansehen oder anhören? Nicht unbedingt. Wer labil ist, sollte es sein lassen. Nachrichten schüren Ängste und machen den Menschen depressiv. Nicht die Nachricht an sich ist das Problem, sondern das, was unsere Gedanken daraus machen. Wir denken weiter und Gedanken formen ein Desaster bis hin zum Weltuntergang. Somit wären wir wieder an dem Punkt angelangt, der für ein ausgeglichenes, harmonisches und zufriedenes Leben von grundlegender Bedeutung ist: durch reduziertes Gedankengut Abstand nehmen. Lassen wir uns nicht auf Gedanken ein, die uns schwächen. Das ist durchaus möglich, wenn wir es auch wollen und der Reduktion des Denkens einen angemessenen Stellenwert einräumen.

Wie steht ein Ich den Veränderungen der Welt gegenüber?

Die Frage beinhaltet bereits die Lösung. Das Ich steht der Welt gegenüber, das Selbst ist die Welt. Das Ich lebt in der Trennung. Es sind Menschen, Tiere, Gebäude, Bäume, der Sternenhimmel, die Sonne und der Mond, die es da draußen gibt. All das erlebt das Ich als etwas anderes. Es existiert seines Erachtens getrennt von all diesen Dingen, weil es sich als Mittelpunkt des Lebens erfährt. Die Trennung ist das Problem des Ichs an sich. Die Aufspaltung ist das Dilemma, die es ohne ein Ich gar nicht gäbe. Das Selbst ist das große Ganze. Der Mensch trennt das, was eigentlich untrennbar miteinander vereint ist. Weil er das Ganze über die Sinne nicht wahrnehmen kann, fällt ihm der Einheitsgedanke so schwer. Er ist gezwungen, über die Sinne hinauszugehen und sich einen Zugang zu verschaffen, der nur durch sein Innerstes möglich wird.

Wenn mir eine Situation ausweglos erscheint, wie verhalte ich mich dann am besten?

Das Ich neigt immer dazu, etwas zu tun. Das ist nicht falsch. Es stellt sich nur die Frage, aus welchem Antrieb heraus es überhaupt zur Handlung kommt. Worauf greifen Handlungen zurück? Wie entstehen sie? Und wenn unseres Erachtens einmal etwas schiefläuft, vielleicht muss es dann so sein. Auch in einer verfahrenen Situation gibt es einen Ausweg. Das Leben ist keine Sackgasse. Das Ich sucht nach Lösungen, anstatt den Weg zum Selbst als Lösung zu erachten. Das Selbst ist natürlich keine Lösung, sondern die Erlösung. Ein mächtiges Wort, das uns vielleicht Angst macht und uns zögern lässt. Vor dem Kleinen hat der Mensch nicht Angst, sondern vor dem Großen. Wenn wir uns selbst als etwas Kleines und Abgetrenntes wahrnehmen, ist es dann ein Wunder, wenn wir uns vor dem Großen verstecken? Auch wenn man sich nach der Vollkommenheit sehnt, die Angst bleibt, weil man sich seine Größe nicht ansatzmäßig vorstellen kann. Dies erklärt, warum der Mensch so zaghaft ist und ewig in seinen Problemen herumirrt und darin stecken bleibt. Er leidet an Unterschätzung und gleichzeitig ist das Ich die Überschätzung selbst. Ist das nicht sonderbar? Unser Sosein ist die Ursache fürs Leben. Setzen wir alles daran, wahrhaftiger, bewusster und klarer zu sein. Entscheidende Schritte, um das Ich zu entlarven.

Wie kann man in schwierigen Situationen negative Gefühle ändern? Existenzängste und Sorgen kennt ja fast jeder …

Wie wir alle wissen, sind Gefühle nicht steuerbar. Sie kommen und gehen, wie sie wollen. Plötzlich sind sie da. Was also kann helfen, wenn man sich unwohl fühlt und einen ein Gefühl nicht mehr loslässt? Wir wissen ja alle, dass uns Gefühle nicht nur übermannen, sondern auch ganz schön vereinnahmen können. In Wahrheit sind wir es, die die Gefühle nicht loslassen. In dem Moment, wo sie auftauchen, beschäftigen wir uns ungewollt mit ihnen. Weil sie uns beschäftigen? Eigentlich tun sie nichts und sie tun uns nichts, aber wir gehen zur Gegenwehr über. Gute Gefühle dürfen bleiben, schlechte sollten weichen. Weil wir die unangenehmen loswerden wollen, bauschen wir sie auf. Sie werden zum Lebensmittelpunkt und verdrängen uns aus der Mitte. Damit erhalten sie einen Stellenwert und werden bedeutungsvoll. Gefühle können ihre Bedeutung ja nicht bestimmen, das tun wir. Niemand freut sich über ein ungutes Gefühl, das ist klar. Erst wenn wir uns mit Gefühlen, ganz gleich welcher Art, aussöhnen, kann sich eine Veränderung abzeichnen.

Plötzlich haben wir Angst. Statt auf sie einzugehen, manövrieren wir uns in die Angst vor der Angst hinein. Gerade weil sich dann auch noch Gedanken dazumischen, die wir unbewusst nähren, sollten wir die Ruhe bewahren. Was also tun? Wir gehen in die Beobachtung und schauen dabei zu, was die Angst mit uns macht. Die Angst selbst ist nicht das Problem, sondern unser Verhalten und unsere Reaktion. Auch diese können wir in solchen Momenten nicht bewusst steuern, aber wir können unserer Angst vor der Angst die Kraft nehmen, indem wir uns zurücknehmen. Nicht nachdenken, nichts wollen, nichts erzwingen und nichts bestimmen, sondern einfach mit der Angst sein. Angst kann keine wirkliche Gefahr darstellen, weil sie nicht von Dauer ist. Alles, was nur eine vorübergehende Existenz aufweist, was kommt und geht, sollte uns keine Sorgen bereiten. In dem Moment, in dem wir die Welt betreten, begeben wir uns in ein Bewusstseinsfeld, wo sich Emotionen, Gedanken, Ereignisse und Umstände die Klinke in die Hand geben. Man nennt das Leben. Somit ist jeder Mensch andauernd mit Gedanken und Gefühlen konfrontiert, auf deren Erscheinen er keinen Einfluss nehmen kann. Aber er kann sich von ihnen jederzeit distanzieren. Wer sich distanziert und in die Rolle des Beobachters schlüpft, wird

Gefühlen und Gedanken auf die Schliche kommen. Denn auch sie spielen nur eine Rolle, die es zu entschleiern gilt.

In Zeiten wie diesen fällt es mir nicht leicht, selbstbewusst zu bleiben. Sollte man sich dem Bewusstsein oder dem Unterbewusstsein widmen?

Das kommt darauf an, was unter selbstbewusst verstanden wird. Meinst du ein sicheres oder ein selbstsicheres, souveränes Auftreten? Keine Ahnung, warum man das als selbstbewusst bezeichnet.

Selbstbewusst ist ja eigentlich nur der, der sich seines Selbst bewusst ist. Somit können wir gar nicht selbstbewusst sein, solange wir uns ausschließlich über das Ich definieren. Müsste es dann nicht ich-bewusst heißen? Viele Wörter werden ganz anders verstanden, als ihr eigentlicher Sinn es meint. Falls du unter Selbstbewusstsein verstehst, in der Mitte zu bleiben, dann kann ich nur wieder auf das Thema Achtsamkeit verweisen. Wer sein Leben nur in seinen Gedanken, also in der Außenwelt, zelebriert, dem ist die Mitte fremd. Er hat keine Ahnung davon, was das sein soll. Man kann aus der Mitte heraus ein erfülltes Leben leben, sobald man das Ich als Illusion durchschaut hat. Wir leben in und aus Missverständnissen und merken es nicht. Wir leben in Irrtümern und sind uns dessen nicht bewusst. Wir leben in einem Traum und bilden uns ein, wach zu sein. Die beste Vorbereitung in dieser Zeit ist es, als der zu leben, der ich wirklich bin. Wir müssen zuerst die Illusion beenden, um uns als die eine Realität zu erkennen. Unsere Körper sind Erfahrungsinstrumente, aber nicht das, was wir sind. Wir haben einen Körper, aber eben nur für eine bestimmte Zeit. Wenn ich jemanden frage: »Wer bist du?«, sagt dieser vielleicht: »Na ich!« – »Aber woher weißt du das?«, würde ich antworten. Er bräuchte ja nur in den Spiegel zu sehen, könnte seine Antwort lauten. Dann würde ich fragen, was er da sieht? Sich? Und er würde antworten: »Ja, mich.« Abgesehen davon, dass wir nicht der Körper sind, sind wir auch nicht das Spiegelbild. Wir sind so viel mehr. Ich wünsche dir von ganzem Herzen, dass du alles daransetzt, deinem Ursprung auf die Schliche zu kommen.

Wie kann ich das verändern, was in der Welt geschieht?

Ändere dich und die Welt wird sich ändern. Das kollektive Feld der Welt brauchen wir nicht zu ändern. Wir sollten unsere Sichtweise und unser Verhalten überdenken und sie gegebenenfalls korrigieren. Wenn wir stimmen, dann stimmt auch das Leben. Mit uns allen stimmt so einiges nicht. Das ist aber nicht schlimm, sondern völlig normal. Als Mensch auf der Welt zu sein, als Ich geboren, das ist unsere Bestimmung. Das Ich kann nicht stimmen. Nur weil es unstimmig ist, ist es in der Lage, seine Stimmigkeit zu entfalten, zu entdecken und zu erleben. Das Selbst kann sich nur durch ein Ich erfahren und deswegen ist das Leben eine Königsdisziplin. Vergeude keine Stunde, keinen Tag. Nutze die Zeit! Beende deine Gefangenschaft. Der Käfig war immer schon geöffnet. Die Frage, die sich stellt, lautet: Wann willst du fliegen? Ich habe Vögel beobachtet, die nicht in einem Käfig gefangen sind. Die ganze Welt steht ihnen zur Verfügung und sie könnten hinfliegen, wohin sie auch immer wollten. Ich habe festgestellt, dass sie immer zurückkehren und in ihrem Ursprungsgebiet bleiben. Diese Erkenntnis hat mich nachdenklich gemacht, bis ich mich eines Tages gefragt habe, warum ich dasselbe tue?

Diese kleine Lebensweisheit begleitet mich schon eine gewisse Zeit und berührt mich immer wieder aufs Neue. Falls du sie noch nicht gekannt hast, dann freue ich mich, sie an dieser Stelle mit dir zu teilen. Wann auch immer du dich betroffen fühlst, macht dich etwas betroffen. Wenn es in Strömen regnet, dann gibt es einen Schirm. Spanne ihn auf, schütze dich vor dem Regen und schon betrifft dich das Wetter nicht mehr. Nimm diese Weisheit mit in dein Leben und gib dein Bestes. Vergiss nie, dass alles gut ist, wie es ist, sonst wäre es nicht so.

Folgendes, Zeit und Umstände betreffend, beschäftigt mich:

Was werde ich tun, um mich davon nicht mehr einnehmen zu lassen und mich davon distanzieren zu können?

Folgende gute Gedanken möchte ich mir zum Leitsatz für mein Leben machen:

ÜBER DEN AUTOR

Kurt Tepperwein, 1932 in Lobenstein geboren, widmete sich nach langjähriger Unternehmensberater- und Heilpraktikertätigkeit voll und ganz dem Mysterium Leben.
Er studierte Kulturen und Philosophien auf verschiedenen Kontinenten und an den unterschiedlichsten Orten der Welt.
Als Bewusstseinsforscher, Seminarleiter und Autor unzähliger Werke sieht er seine Aufgabe darin, das allumfassende Wissen sowie seine wertvollen Erkenntnisse mit spirituell Interessierten und nach dem Lebenssinn suchenden Menschen zu teilen.
Seine Fähigkeit, Menschen zu begeistern und zu faszinieren, hat er sich nicht angeeignet oder angelernt, sie basiert auf eigenen Erfahrungen. Seine Authentizität und Hingabe an das Lebensthema Nr. 1, »Zufriedenheit und Erfüllung im Alltag zu erfahren«, transportieren das Wesentliche und begeistern.
Kurt Tepperwein versteht es wie kaum ein anderer, die materielle und geistige Sicht der Dinge zu vereinen und sie in einer harmonischen Ganzheit zu betrachten. Ergänzend zu mehr als 80 Büchern, unzähligen DVDs und Audio-CD-Aufnahmen erreichen seine beliebten Kompakt-Ausbildungslehrgänge (z. B. Lebens-, Intuitions-, Mental- oder Kausal-Berater, Coach und Trainer) nicht nur Topmanager und Spitzensportler, er spricht mit seinem natürlichen und lebensbejahenden Wesen jeder Alters- und Berufsgruppe aus dem Herzen.

128 Seiten, 2-farbig, broschiert
ISBN 978-3-96933-076-0
€ [D] 14,00

Kurt Tepperwein

Optimisten lachen länger

100 % Lebensfreude

Gedanken können uns dazu bringen, Initiativen zu ergreifen und uns selbst zu vertrauen. Aber wie gehen wir am besten damit um, wenn sich unsere Gedanken in eine andere Richtung wandeln wollen?
Kurt Tepperwein gibt nicht nur Antworten, sondern bietet auch Beispiele zum Mitmachen und persönliche Übungen. Optimisten lachen länger ist ein Alltagshelfer, der uns einen Einblick in die Welt der positiven Gedanken schenkt. Für mehr Lebensfreude und Optimismus.

144 Seiten, broschiert
ISBN 978-3-96933-067-8
€ [D] 12,00

Kurt Tepperwein

Ein neuer Mensch in einem Tag

Kurt Tepperwein enthüllt uns eine schnelle und einfache Methode, um zu werden, wer wir schon immer sein wollten – mit einem sicheren Auftreten, Leichtigkeit und einer faszinierenden Strahlkraft, die uns und unser Leben in eine völlig neue Richtung katapultieren werden, an Orte, von denen wir schon immer geträumt haben.
Eine ganze Reihe praktischer Tipps machen uns Schritt für Schritt zum Gewinner und zeigen uns, wie wir durch ein paar simple Änderungen das Maxi-mum aus uns selbst herausholen können!

160 Seiten, 2-farbig, broschiert
ISBN 978-3-96933-039-5
€ [D] 14,00

Kurt Tepperwein

Selbstbewusstes Selbstvertrauen

Warum gibt es Menschen, die voller Selbstvertrauen sind, und solche, die zögerlich und zurückhaltend sind? Warum gibt es erfolgreiche und reiche oder eben auch welche, die immer noch auf der Suche sind und ihr Leben irgendwie nicht auf die Reihe bekommen?
Kurt Tepperwein zeigt uns, warum dies so ist und wie JEDER erfolgreich werden kann, unangestrengt und garantiert. Jeder kann eine strahlende Persönlichkeit erlangen und Ruhe, Gelassenheit und Fröhlichkeit ausstrahlen.
In unserem Selbstsein sind wir alle perfekt, hier erfährst du, wie es funktioniert.

176 Seiten, broschiert
ISBN 978-3-89845-412-4
€ [D] 14,00

Kurt Tepperwein

Nichts geschieht umsonst

Die Sprache des Lebens verstehen

Alles, was uns begegnet, und alles, was uns widerfährt, sind Botschaften des Lebens, die uns etwas Wichtiges mitzuteilen haben. Wenn Sie diese Botschaften verstehen, können Sie diese optimal für sich nutzen, um ein erfolgreiches, erfülltes und gesundes Leben zu führen.
Beginnen Sie daher jetzt mit dem Sprachkurs »Deutsch-Leben/Leben-Deutsch«, um den Botschaften des Lebens endlich auf den Grund gehen zu können ...

136 Seiten, broschiert
ISBN 978-3-89845-608-1
€ [D] 14,00

Kurt Tepperwein

Was immer du willst

Magnetisch anziehen, was Freude macht

Jeder Mensch besitzt magnetische Kräfte. Er strahlt nicht nur etwas aus, sondern verfügt auch über eine unbewusste Anziehungskraft. Kurt Tepperwein zeigt Ihnen, wie Sie Ihre Magnetkräfte aktivieren können, um Ihrem Leben eine Richtung zu geben, die nicht nur befriedigend ist, sondern die Sie wirklich zufrieden und glücklich macht.
Wenn Sie also magnetisch anziehen wollen, was Freude macht, halten Sie das richtige Buch in der Hand. Es ist an der Zeit, dass Sie bekommen, was immer Sie wollen.

384 Seiten, broschiert
ISBN 978-3-96933-046-3
€ [D] 20,00

Franz Huber

Vom Suchen und Finden des Wunderbaren

Herbert und die Bäume

Welche Sehnsucht bringt uns dazu, jeden Morgen aufzustehen und neue Herausforderungen zu suchen?
Herbert und der Autor beantworten diese Frage. Herbert spürt eine besondere Verbundenheit mit Bäumen, die ihm Kraft, Erfahrung und Weisheit weitergeben. Als Wanderer durch die Seiten begleiten wir die beiden von einem Erlebnis zum nächsten, und so öffnet sich unser Blick für die kleinen, aber wertvollen Dinge unseres Lebens.
Die Sehnsucht nach etwas Außerordentlichem findet hier ihre Erfüllung im Erleben des Wunderbaren.

144 Seiten, 2-farbig, broschiert
ISBN 978-3-89845-667-8
€ [D] 10,00

Melani B

Wortinspirationen für neue Blickwinkel

Tagesimpulse, um ins Tun zu kommen

Erlebe dich neu!
Lass dich durch die bunte Vielfalt der Wortinspirationen berühren. Durch eigene Eintragungen unter den Impulsen hast du die wundervolle Möglichkeit, Anregungen, neue Sichtweisen und Ideen sowie einen klaren Blick für eigenes Erfühlen, Erkennen und Handeln zu gewinnen. Eine spannende Reise zu dir selbst beginnt. Denn die beste Zeit ist immer jetzt. Neue Blickwinkel lohnen sich immer!

120 Seiten, 2-farbig, broschiert
ISBN 978-3-89845-452-0
€ [D] 14,00

Silke Gramer-Rottler

Was uns alle trägt

Die Kraft des Urvertrauens in einer reizüberfluteten Welt

Wir leben in einer schnelllebigen Welt, in der Hektik, Ignoranz und Ängste unseren Alltag bestimmen.
Silke Gramer-Rottler zeigt uns, wie wir zurückfinden können zur berühmten Leichtigkeit des Seins. Sie erklärt uns, wie wir in unserem Leben wieder Raum schaffen können für die wesentlichen Dinge und wie dadurch die ganzen Unsicherheiten des Alltags verschwinden.
Dieses inspirierende Buch fordert uns alle auf, uns auf den Weg zu machen, unseren Ängsten zu begegnen, um zu erfahren, dass das Leben uns trägt.

144 Seiten, 2-farbig, broschiert
ISBN 978-3-96933-083-8
€ [D] 14,00

Anjana Gill

Die perfekte Visualisierung

So wirst du ein echter Visualisierungsprofi!
Anjana Gill zeigt dir 7 spannende Visualisierungstricks, die die Erfüllung deiner Wünsche magnetisch in dein Leben ziehen. Denn nur Vorstellungen, die begeisternd und voller Energie sind, ziehen die Erfüllung tatsächlich an.
Auf ihre fröhliche und einzigartige Art zeigt Anjana Gill, wie auch du mit deiner Visualisierung eine wirklich lebendige Erfüllungsenergie erzeugen und aussenden kannst.
Starte jetzt die Erfüllungsrakete und erzeuge die stärkste Visualisierungsenergie für deine Manifestation!